ポジティブ支援のための
手作り絵カード・手順表

6つの基本的支援方法 1 ほめとトークン表

🔍 トークンほめ表 ➡ P.11

🔍 保育士がつくったほめ表 ➡ P.12

スケジュール表の例 ➡ P.14

6つの基本的支援方法 **2** 視覚支援

①
おさらをかさねる

②
すわって はみがき

③
かたづけ

④
ろうかにうわぐつをおく

⑤
ぱじゃまに きがえる

⑥
ぬいだふく たたむ

⑦
あそぶ

🔍 朝食の片づけとパジャマの着替えの手順表 ➡ P.15

Scene 9

座って食べるカード ➡ P.64

Scene 2

ごほうびシール ➡ P.41

Scene 6

時間の視覚支援【やりたいカード】➡ P.55
片づけカード ➡ P.54

もくじ

ポジティブ支援の基本について
—本書で伝えたいこと— ……………………………………………… 4

第1章
6つの基本的支援方法 …………………………………………… 9

- **支援方法1** ほめとトークン表 …………………………………………… 10
- **支援方法2** 視覚支援（スケジュール表、手順表） ……………………… 14
- **支援方法3** 応用行動分析（困った行動の予防） ………………………… 16
- **支援方法4** スモールステップ・課題分析：身辺の自立 ………………… 22
- **支援方法5** ソーシャルスキル支援
  （ルールづくり、ソーシャルストーリー・コミック会話） ……… 24
- **支援方法6** 感覚過敏・こだわりへの配慮 ………………………………… 27

第2章
場面別ABC支援 ………………………………………………… 31

考え方の基本 ……………………………………………………………… 32
- **Scene 1** 朝お母さんと別れるとき大泣きする ………………………… 34
- **Scene 2** 朝の支度ができない ……………………………………………… 38

Scene 3	友だちと遊べない	42
Scene 4	友だちに手が出る	46
Scene 5	友だち・保育士に乱暴な言葉	51
Scene 6	片づけない	53
Scene 7	工作が苦手・手先が不器用	56
Scene 8	着替えができない	60
Scene 9	食事中の離席がある	63
Scene 10	偏食で食べない	66
Scene 11	並ぶことができない・順番が待てない	70
Scene 12	教室から出て行く	73
Scene 13	待つことができない	76
Scene 14	切り替えが困難	79
Scene 15	体操や踊りができない	82

第3章

園の巡回相談　実際のケースの個別支援 ……… 85

- Case 1　3歳10か月・年少・女の子：運動面や言葉の遅れがあり、対人関係の遅れが顕著な例 …… 86
- Case 2　年少・男の子：多動・衝動性があり、苦手な活動は教室から出て行く。友だちとうまく関わることができない例 …… 88
- Case 3　年長・男子：全体に発達の遅れがあり、活動が難しいと教室をうろうろして参加できずに困っている例 …… 90

Case4 年中・男子：言葉の遅れがありうまく伝えられないため思い通りにならないとパニックになり、休み時間の集団遊びに参加できない。こだわりも強く数字をずっと書いて一人でいます。運動会の踊りに参加できず、部屋をうろうろしている例 …… 92

第4章
実際の支援例　個別支援計画の作成 …… 95

個別支援計画の作成 …… 96

個別移行支援計画書 …… 99

● 資料

園と親と地域専門機関との連携 …… 102

おわりに …… 104

コラム

トイレトレーニング …… 30

子どもの遊び …… 45

「できてほめるのサイクル」：事前のルールづくりの意義 …… 50

行動を4つに分ける …… 59

偏食改善のヒント …… 69

園の先生とお母さんが協力してほめほめ作戦 …… 94

本書のカードで使用しているイラスト（36P 外遊び・プール、49P 静かに・怒らない、69P ほめる、71P 順番に並ぶ・けんかしない）はドロップレット・プロジェクト（droplet.ddo.jp/）からダウンロードしたものです。

ポジティブ支援の基本について
―本書で伝えたいこと―

◆ 「ポジティブ支援」をしていこう！

　行動が気になる子がいるとつい、できていないことやよくないことに目がいき、注意して直そうとします。しかし、子どもは1日中よくない行動やできないことばかりではなく、できることやよい行動もたくさんあります。
　困ったことやよくないことに注目するより、**その子のよいところやできていることを見つけてほめていく「ポジティブ支援」**をしていると、子どものよい行動が増えていきます。

ポジティブ指示とポジティブ支援とは？

　「○○しちゃだめ」「○○しないと、〜〜できないよ」は、ネガティブ指示です。「〜〜しようね」「○○したら、〜〜できるよ」と言って手伝ってできるようにするのが、**ポジティブ指示**です。
　子どものできていないところを直すより、すでにできているところを見つけ、ほめ、伸ばすことが**ポジティブ支援**＝ほめほめ作戦です。
　ポジティブ支援のためにはごほうび表＝トークン表が有効です（後述）。

◆ ユニバーサルデザインを駆使しよう

　ユニバーサルデザインとは、文化・言語・国籍の違い、老若男女といった差異、障害・能力の如何を問わず利用することができる施設・製品・情報の設計（デザイン）を言います。たとえば、保育園・幼稚園のユニバーサルデザインとは、障害の有無に関係なくどの子どもにも役立つ工夫や支援を指しています。
　わかりやすく伝えるためには、**視覚支援**が有効です。
　①指示は短くわかりやすい言葉で
　②言葉のわからない子にはジェスチャーや絵カードでわかりやすく

③スケジュールをわかりやすく （スケジュール）
④手順表でわかりやすく（手順表）
⑤行事は見通しがもてるようにスケジュールや、ルールをわかりやすく
⑥集団生活のルールをわかりやすく

【スケジュール】

【手順表】

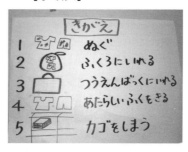

◆ 自尊感情（セルフエスティーム）＝自分を大切に思う気持ちを大切に

　多動・衝動性・不注意やコミュニケーションに困難がある子どもたちは、いつも失敗したり、叱責や注意を受けるので、自分に自信がなくなり、無気力になり、できることもできなくなります。子どもが安心して、自己実現を果たすためにはマズローの欲求の階層の下層①～④をしっかりさせる必要があります。

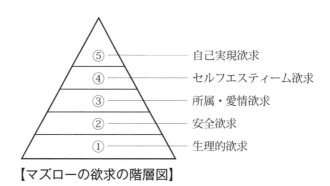

【マズローの欲求の階層図】

①**生理的欲求（食事・睡眠など生命維持のための欲求）**
　不眠で眠れなかったり、偏食で食事が食べられなかったり、慣れない場所でトイレができなかったりすると、安定して過ごすことが困難になります。環境を調整して安定した生活を送ることができるようにすることが必要です。

②**安全欲求（恐怖・危険・虐待・苦痛からの回避）**
　叱責や注意が多いと、いじめられたと感じ被害意識が強くなり、些細なことで怒りやすくなります。不安が強いとこだわりや感覚過敏は増幅するので、安心できるように、周囲が穏やかに接することが大切です。

③**所属・愛情欲求（大切にされたい、自分の居場所があり、人と関わりたいという欲求）**
　親がわかりやすく説明したり、いいところをほめるようにすると、情緒が安定してすすん

でお手伝いをしたり、笑顔が増えます。

④**セルフエスティーム欲求：自尊感情（認められたい、自分をわかってほしい、自分を大切にしようという欲求）**

　子どもの自尊感情を高めるのは大好きなお母さんや先生からのほめ言葉が一番です。100％できたときだけ認め、ほめると、どうしても認められない場面が多くなります。課題に取りかかり始めたときや、25％、50％でもできているところをほめると安定して課題に取り組めるようになります。できないときには、休憩したり、助けを求めたりすることを教えましょう。

　また、「○○だから嫌なんだね」「○○だからできないんだね」と、子どもの気持ちに共感して認めましょう。

　わかってくれる人が周囲にいることで、子どもは安心して困難なことに立ち向かえます。

⑤**自己実現欲求**

　マズローの理論によれば、人はセルフエスティームが高められて初めて、知的好奇心・学習意欲が生まれ、努力して自分を高めようとします。

　家庭や園で、自分の安心できる居場所があり、お母さんや家族に認められ、ほめられて育った子どもは安定しており、家庭外でも他者とのやりとりの中で、認められ、ほめられることを好み、自分のできることを増やすために努力する子になります。

　反対にいつも叱られ、自分のやりたいことを禁止されていたらどうでしょうか。周囲の言うことを聞かず、できることもやろうとしなくなり、周囲に反抗的になるでしょう。子どもの成長には安心と居場所、認められ、ほめられることが大切です。

◆ ＡＢＣフレームを使ってみましょう

　行動の前には必ずきっかけ＝原因があり、行動の後には結果が続きます。この行動の原理をわかりやすく、行動とその前後をフレームの中に分けて記録すると、その行動がなぜ起こるのか？　子どもは何をしたいのか？　どう思ったのか？　など、子どもの行動の理由がわかるようになります。

　子どもへの対応を原因・行動・結果に分けて考えるフレームを**ABCフレーム**といいます。子どもの気になる行動をBとして、その直前をA、行動の直後をCとして、表に分けて書いてみましょう。それからよい行動が出るための工夫をします。

　A 直前：環境を工夫しましょう。
　B 行動：要求水準を下げましょう（先生が手助けして一緒に行動する、半分だけやる、できる部分だけにするなど）。
　C 直後の結果：よい行動は大いにほめましょう（ほめ言葉や、スキンシップやほうびの遊びなどです）。好ましくない行動には、怒って反応せず、してほしい行動の手助けをし

ます（肯定文で穏やかに落ち着いて言い、できるように手助けしましょう）。

一人で着替えをする【よい例】

A：直前（原因）	B：行動	C：直後（結果）
着替えやすいように服を並べておく	一人で着替える	一人で着替えてえらいね。おりこうだから公園へ遊びに行こう

➡次の日、服を並べ、「公園に行くから着替えをしよう、一人で着替えできるかなぁ」と言います。

一人で着替えをする【悪い例】

A：直前（原因）	B：行動	C：直後（結果）
テレビがついておもちゃがある部屋	子どもはテレビを見たりおもちゃで遊んで着替えません	時間がないよ。早く着替えないとダメだよ

➡お母さんは何回も怒りますが、子どもは着替えようとしません。
　なぜでしょう？　どうしたらいい？　できない原因は何でしょうか？

【A直前】を変えてみましょう

●子どもの気が散らないように着替えのときはテレビを消す、テレビが見えない向きで着替えるようにする。
●着替える前から怒らないで、笑顔で「着替えが終わったらテレビを見ようね」と言う。

【B直後】➡【B行動】【C直後】

●【B行動】着替えを少し手伝って成功させ、【C直後】「着替えできたね、おりこうだね、テレビ見ていいよ」「着替えできたね、えらいね、玩具で遊ぼう」と、要求の水準を下げ（完全にできてほめるから、部分ができたらほめるへ）、ほめとほうびを与える。これを繰り返していると一人で着替えをしてから、テレビや玩具の遊びをするようになります。

　このように、ABCフレームに記録すると、行動の原因と結果の因果関係がよく見え、よい行動（この場合は着替えをする）が成功するように環境の工夫をしたり、行動の後の関わり方を変えるための方法にも気づきやすくなります。

◆ ABC フレームを使って問題解決シートで考えてみましょう

　問題解決シートは、気になる行動について、支援チームで短時間に具体的な解決策について、話し合うためのツールです。

　行動を ABC フレームでとらえ、直前の工夫、望ましい行動（代替行動）を書き、直後にできた場合はほめて強化します。直後に望ましい行動が出なかった場合は、直前の工夫に戻ると上手くいきます。第 2 章の scene に沿って解決シートを掲載したので参考にしてください。

A：直前	B：行動	C：直後
直前の工夫 ・	代替行動 ・	直後できたとき ・ ・ ・ ・ ・ ・ ・ ・ ・ ・ ・ 直後できなかったとき ・ ・ ・ ・ ・ ・ ・ ・ ・ ・ ・ ・ ・ ・

第1章

6つの基本的支援方法

気になる子・自閉症・発達障害児の療育において有効な支援方法を大きく以下にまとめました。

自閉症・発達障害児の支援法

1. ほめとトークン表
2. 視覚支援（スケジュール表・手順表）
3. 困った行動の予防（環境操作）
4. 身辺・活動の自立支援（スモールステップ・課題分析）
5. ソーシャルスキル支援（ルール作り、ソーシャルストーリー・コミック会話）
6. 感覚過敏とこだわりへの配慮

支援方法 1　ほめとトークン表

多動・衝動性があり、いつも禁止されたり・叱られたりが多いケースでは、ほめを増やすだけで、子どものよい行動が増え、周囲が困ったと感じている行動のほとんどが激減します。そんなときはトークン表を使ってほめるとより効果的です。

ポイント

- ほめが多いと心が安定し、自尊感情が上がります
- 肯定的注目（ほめ）が多いと、否定的注目（よくない行動）が減ります
- よくない行動が多い子は、意識して小さなことをほめるようにしましょう
- できないことや苦手な行動は、分割したり、量を減らしたり、やさしくして手伝って成功させ、ほめるようにしましょう

◆ ほめの効用

ほめられれば人は嬉しくなりその行動は増えます。

よい行動を増やすコツは

・今できている行動を見つけてほめましょう
・行動に取りかかったとき、25％できているときに、「〇〇してるね」「〇〇いいね」とよい行動に注目して具体的にほめましょう
・子どもの視線の高さに合わせ、近づいておだやかに静かな声で、笑顔で伝えましょう
・気をつけたいのは、「いつもそうだといいね」「いつもそうやればいいんだよ」「いつもはやれるのにやらないんだよね」などの皮肉は言わないことです

ポイントは **CCQ** です
- **Close** 近づいて
- **Calm** 穏やか
- **Quiet** 静かな声で

【ほめ方のいろいろ】
- ほめる：片づけ一人でできてえらいね
- 興味を示す：車の絵だね　楽しいね
- 気づいていることを知らせる：見てるよ
- 感謝する：お手伝いありがとう
- はげます：もうすこしでできるよ　頑張れ

◆ トークンエコノミー法とは

　トークンエコノミー法は、日常生活でありとあらゆる場面に用いられています。パン屋やコーヒー店や洋品店などで配布されているポイントカードがトークンです。その利点は、視覚的に動機づけられ、ポイントが貯まると商品やお金がもらえて達成感・満足感を味わえることなどで効果が長続きすることです。

トークンエコノミーとは

- **望ましい行動を取り上げ、ほめるツール**です
- **望ましい行動をもっとしてほしいとき**に使います

ほめとトークン表を成功させる支援のポイント

・やってほしい行動を選ぶ
・最初は一つ、成功しやすいものから始める
・達成可能な質と量を工夫する
・やさしい課題と困難な課題を組み合わせる
・できたらほうびをわかりやすく与える
・ポイント制にする
・「できてほめる」によって強化する
・できなかったで罰は叱責カードになるので、×はつけない

【トークン　ほめ表】

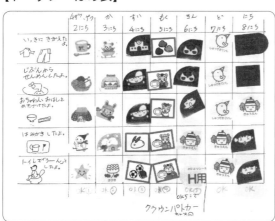

縦列に目標行動を、横列にカレンダー日時・曜日を書いて表にします。子どもの好きなシールを用意して、できたことをほめ、子どもと一緒にシールをはります。頑張った日には特別のシールをはります。

ほめとトークン表が有効な実践例
ADHDの年長はると君

　年長で毎日頻回に「友だちに手が出る」「暴言」「自分の好きなことしかやらない」「部屋から出て行く」が見られ、何回注意しても改善しないはると君に「先生にどんなことをほめられる？」と聞くと「給食残さず食べたとき」と答え、「そのほかは？」と聞くと、「ない」と答えました。1日に10回以上も注意され、ほとんどほめられない毎日では、本人の自尊感情は保たれないので、1日10回以上ほめることとほめ方の工夫とトークン表をつけることを話しました。

　1か月後には、なんとトークン表でほとんど困った行動が消えていました。卒園式も立派に迎えることができ、お母さんからは、ほめることで笑顔が増え、お手伝いが増えて嬉しいとのことでした。持ってこられたトークン表を見ると、お母さんは1日20回、保育園でも1日10数回ほめていました。頑張ったことをほめると、はると君はとても嬉しそうでした。

　保育士さんに、ほめを増やして1か月の感想を書いてもらったところ、「困った行動が多く見られ、注意が多くほめられていない、と子ども本人が思っていることがショックでした。ほめ表を使ってほめることを増やしていくと、すすんでできることが増え、あらためてほめることの大切さを実感しました」との手紙をいただきました。

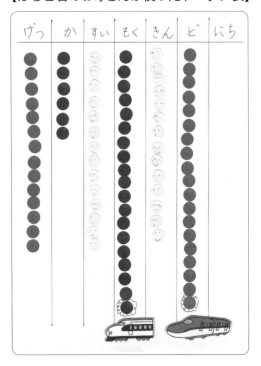

【はると君のお母さんが使ったトークン表】　【保育士がつくったほめ表】

小学校入学後も担任の先生にお願いして、トークン表を続けることとしました。先生は以前にも、ADHD児を受け持った経験があり、トークン表を使ったことがあるとのことでした。小学校入学後も、先生にほめられることで、困った行動はほとんど見られず、学校生活は順調にスタートしました。数回の受診の中で、体育や勉強のことを聞いてみると、不器用できれいに字が書けないので「友だちに変な字と言われた」とか「鉄棒がうまくいかない」との言葉がぽつりと聞かれました。身体が大きく元気な、むしろ乱暴な男の子なのですが、保育園時代も不器用なので、工作がうまくできなかったり、友だちからからかわれるのが嫌でやらなかったこと、自分の存在を大きく見せるために、虚勢をはっていたのだ、と気づきました。
　小学校入学後は、スポーツジムで水泳を始め、学童保育でサポートされ、苦手な運動も担任の先生の理解があって、克服することができました。両親と先生にほめられ、成功していくことで、「やればできる」という、自信を取り戻していきました。

【小学校の先生がつくったトークン表】

第1章　6つの基本的支援方法

支援方法 2　視覚支援（スケジュール表、手順表）

多動・衝動性・不注意があると話を聞いていなかったり、聞いていても何か気になることがあると、注意がそれてしまいます。また長い文での指示がわかりにくい子どもや話し言葉でのコミュニケーションに困難がある子どもにとっては、見てわかる絵や写真や文字での指示のほうが理解しやすいのです。

! ポイント

- 話し言葉は消えますが、絵・写真・文字は残ります
- 話し言葉は相手のペースですが、絵・写真・文字は自分のペースで見て理解できます
- 話し言葉には感情が入りますが、絵・写真・文字は感情が入りません
- 視覚支援はわからないときに繰り返して見ることができます

◆ スケジュール表、手順表

1日の流れがわからず、指示が伝わりにくい子どもや、一つひとつ声かけが必要な子どもに、スケジュール表をつくって教えると、活動が自立し、一人でできることや集団参加が増えます。

【スケジュール表の例】

登園してすぐは不安がいっぱいで、朝お母さんと離れられなかったりく君に先生が1日のスケジュール表を見せていねいに説明して、保育士が迎えると安心して離れられるようになりました。

> **実践例** 自閉症スペクトラムの年長男児
> ケース支援の実践例

　5月に年長になる圭君は、保育園で1日の流れに沿った行動（朝の支度、着替え、給食の支度、昼寝の準備、帰りの支度、プールの着替えなど）に、一つひとつ先生の声かけがないとできません。また、わかりにくい活動では集団参加が困難であるため、お母さんと保育士で相談に来られたケースです。圭君は一人っ子で、指示待ちが多く、お母さんも毎日一つひとつ声かけをして活動を促していたので、**声かけがないと**活動ができません。そこで保育園と家庭で協力して、スケジュール表や手順表をつくり、声には出さず、指差して活動を身体的援助することで成功させ、できたらほめる形にしました

　1か月後には、写真を見ながら活動ができるようになりました。最初は、園で写真を使って朝の支度の手順表をつくりました。「かばんから着替えを出し、お便り帳を入れたら、**好きなポケモンの絵本**で遊んでいいよ」と、写真を指差しながら、成功させ好きな本をほうびで与えるを繰り返したところ、できなかった朝の支度が1週間で一人でできるようになりました。先生とお母さんで大いにほめ、次に給食の後の片づけ、昼寝の支度と、順に一つひとつ手順表で教えてできるようになりました。圭君のためにつくったスケジュール表や手順表はほかの子どもにも有効でした。

【朝の支度の手順表】　【給食の片づけとパジャマの着替えの手順表】

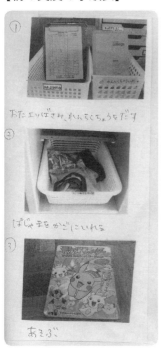

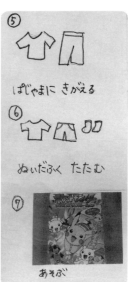

第1章　6つの基本的支援方法

第1章　支援方法2　視覚支援（スケジュール表、手順表）

支援方法 3 応用行動分析（困った行動の予防）

応用行動分析では、「環境」と「行動（個人）」の相互作用に注目し、その行動の機能（意味や理由）を考えます。行動の表れではなく、行動の機能に着目し、行動の「原因」と「結果」を理解することで、行動を変える方法を考えることができます。

ポイント

- 行動は環境との相互作用から生じています
- 子どもの行動はそれだけが突然に起こるものではありません
- 子どもの行動は周囲の環境を変えると改善されます
- 誤学習や未学習は、好ましい行動を学習することでなくなります

◆ ABC フレーム

困った行動の場面で、行動の直前直後の状況を ABC フレームで記録してみましょう。

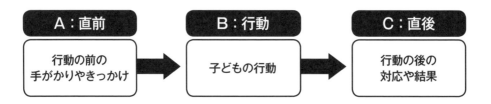

困った行動を減らすためのコツ

① 行動の記録をする・機能を知る
② 困った行動が起こりにくい環境を整える
③ 困った行動に代わる行動を育てる（代替行動）
④ チームで対応する

困った行動の機能

①好きな活動を得たい　②活動から逃れたい　③注目を得たい
④注目から逃れたい　⑤感覚遊び　⑥感覚から逃れたい

▶ 例1　困った行動の機能「好きな活動を得たい」

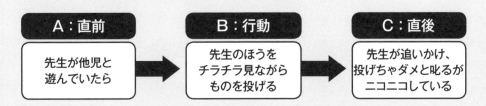

- 行動の機能は？　⇒　好きな活動を得たい
- きっかけは（原因）？　⇒　先生が他児と遊んでいる
- 困った行動を出させないための予防は？　⇒　他児と遊ぶとき一緒に遊びに誘う
- 教えたいコミュニケーションスキルは？　⇒　「遊んで」「入れて」を言える

▶ 例2　困った行動の機能「苦手な活動から逃れたい」

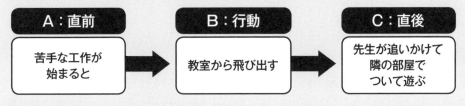

- 行動の機能は？　⇒　苦手な活動から逃れたい
- きっかけは（原因）は？　⇒　苦手な工作
- 困った行動を出させないための予防は？　⇒　苦手な部分を予め仕上げておく
- 教えたいコミュニケーションスキルは？　⇒　「手伝って」「おしまい」言葉で援助を求める

◆ 環境の予防とは

　環境の予防で、直前の環境を変え、よい行動が出やすい環境をつくると、よい行動が増え、困った行動が消失します。
　たとえば、テレビをつけていると、いつまでたっても着替えが終わりません。

着替えをするために予防できることは、何ですか？
　答えはテレビを消すで、着替えに集中できます。困った行動が起こってから叱るのではなく、よい行動が出やすいように環境を操作して、よい行動をほめ、継続させましょう。

★よい行動が出やすい環境とは

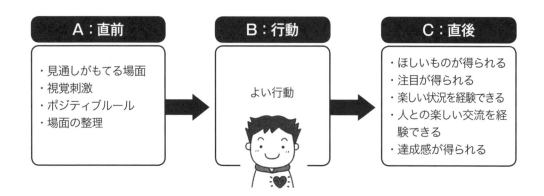

　このように、A直前―B行動―C直後のABCフレームで、行動を環境の中で捉えて、よい行動が出やすいようにA直前の環境を操作し、B行動を子どものできる行動に置き換え、C直後に好ましい行動が出たときにほめて好きなものを強化し、好ましい行動が続くように工夫して支援することをABC支援と呼びます。

◆ ABC支援

> **例1**
> 先生が他児と遊んでいると、先生のほうを見ながら健太君はもの投げをする。先生は「ものを投げちゃだめだよ」と叱る

● ABCフレームで書くと

A：直前	B：行動	C：直後
先生が他児と遊んでいると	先生のほうを見ながらもの投げをする	先生は「ものを投げちゃだめだよ」と叱る

| A：直前 | 工夫は？ |

①他児のところへ行く前に、一人で遊べるブロックを渡し「ちょっと待っててね」と言う
②先生と一緒に他児のところへ連れて行き、一緒に遊ぶ
③他児と関わるあいだ、お手伝いを頼み、できたことをほめる
④「一緒に遊ぼう、おいで」と、子どもを誘う
⑤他の先生や友だちと遊ぶように、指示してから他児のところへ行く

| B：行動 | 教えたいスキルは？（代替行動） |

先生が他児と遊んでいるとき、健太君にしてほしい行動はどんなことが考えられますか？
・一人で遊ぶ
・友だちと遊ぶ
・先生・友だちと3人で遊ぶ
・「先生来て」「遊ぼう」が言葉で言える
・先生のお手伝いができる

| C：直後 | できてほめる |

A直前を工夫して、B行動の水準を下げできる行動にして、Cほめて強化できたサイクルをつくる。

| A：直前を変える | B：代替行動を教える | C：できてほめる |

A：直前	B：行動	C：直後
ブロックで遊んで待っててね	ブロックで一人で遊ぶ	一人で遊べたことをほめる

A：直前	B：行動	C：直後
「一緒に遊ぶ？」と聞く	「一緒に遊ぶ」と言う	言えたことをほめ、一緒に遊ぶ

A：直前	B：行動	C：直後
友だちと三輪車で遊ぼうと誘う	友だちと三輪車で遊ぶ	友だちと三輪車で遊べたことをほめる

例2
苦手な工作が始まると颯太君は教室から出て行き、先生が追いかけて連れ戻す

● ABCフレームで書くと

A：直前	B：行動	C：直後
苦手な工作が始まると	颯太君は教室から出て行く	先生が追いかけて行き連れ戻す

A：直前　工夫は？

①なぜできないのでしょうか？
　課題が難しすぎてできない場合は、その子に合ったやさしいものに置き換えます。絵を描く→塗り絵やシールはりにする　など
②一人で座って集中できない場合
　横に保育士が座って、手を添えて一緒につくる
③失敗して嫌になって席を立つのではなく、最初に「手伝ってほしいとき言ってね」と声をかける

B：行動　教えたいスキルは？（代替行動）

・工作の時間にふさわしい別のやさしい課題をする（塗り絵やシール貼り）
・先生に手伝ってもらって一緒に工作する
・先生が半分つくり、できる部分半分だけ工作する

C：直後　できてほめる

①塗り絵、シールはりができたことをほめる
②先生と一緒にできたことをほめる
③できる部分を半分したことをほめる
④できないとき「先生」を呼んだことをほめ、一緒に手伝って工作する

| A：直前を変える | B：代替行動を教える | C：できてほめる |

A：直前	B：行動	C：直後
工作を始める前に、塗り絵、シールはりを見せ、どれをやりたいかを聞く	塗り絵、シールはりをする	できたことをほめる（作品をほめる）

A：直前	B：行動	C：直後
工作を始める前に、隣に座って「先生と一緒にやろう」と言う	先生に手伝ってもらって工作する	工作したことをほめる

A：直前	B：行動	C：直後
工作を始める前に、困ったときは「先生」と言ってね	「先生」と言う	「先生」と言えたことをほめ、一緒に手伝って工作する

第1章 支援方法3 応用行動分析（困った行動の予防）

第1章 6つの基本的支援方法

支援方法 4 スモールステップ・課題分析：身辺の自立

幼児期前期の子どもの身辺自立の課題（食事・着替え・トイレ）の教え方は、ステップを小さく分け、一つずつ教えていくと成功しやすくなります。言葉で指示するより黒子になって身体的介助をすると早く習得できます。

ポイント

- 苦手な課題は小さな行動単位に分割して、ステップをつくります
- 人によってステップの数は違います。3ステップでいい人がいれば10ステップ必要な人もいます
- 身辺自立は言葉で何回も言うより、（教える側が）黒子になって身体を動かし教えるほうが成功することが多いのです
- 黒子は無言で後ろからそれとなくサポートするので、主役の子どもは達成感がもちやすく自尊感情が上がります

◆ 課題分析とは何？

課題分析とは仕事などの手順を小さな行動単位に分解して、時系列に沿って並べることです。私たちの身近なところにも課題分析されたものはたくさんあります。

たとえば、「カップ麺をつくる」の課題分析を見てみましょう

①フタを矢印の方向にはがす

②熱湯を内側の線まで注ぐ

③フタをする

④3分待つ

⑤よくかきまぜる

⑥できあがり

カップ麺には、このように課題分析が表示されているため、子どもからお年寄りまで、誰でも簡単につくることができます。

身辺自立「ズボンをはく」の課題分析

課題のステップ
1. 床に座る
2. ズボンのウエストのところを持つ
3. 片足をズボンに入れる
4. もう一方の足をズボンに入れる
5. ズボンを両手で、膝までたくしあげる
6. ズボンを引っぱりあげる

　一度に言うと定着しにくい子は、ステップをいくつかに分け、前半は手伝ってすすめ、後半の一つだけ教え、成功したら、またその次を順次教えていくと結局は、一人で早くできるようになります。

　上記のように、**工程を小さなステップに分け**、一度に全部ではなく、**少しずつ成功させて**順次できるを増やすことを、**スモールステップ**といいます。たとえば、課題の量が多いとき、最初は1個、翌週は2個、3個と増やしていきます。じっと座っていることができないときも、最初は5分、次は7分、次は10分と成功する範囲で少しずつ目標行動を増やしていき、失敗しないように工夫や手助けをして、できたことをほめ、自信をもたせていくと、よい行動を持続させることができます。

　課題分析は、料理のレシピと同じだと思ってください。はじめてのときはレシピがないと一人でつくることができませんが、繰り返し経験していくうちに、レシピを見なくてもできるようになります。完全に一人でできるようになったらレシピは不要です。でもしばらくして忘れたり、うまくいかなかったらレシピを見ることが必要になります。

支援方法 5 ソーシャルスキル支援（ルールづくり、ソーシャルストーリー・コミック会話）

ソーシャルスキルは、対人関係や集団行動を上手く行うための技能（スキル）のことです。目に見えないルールや対人関係を文章や絵にして見えるようにして、視覚的に情報を伝えられるようにしたのが、ソーシャルストーリーやコミック会話です。

ポイント

- 失敗してからのやり直しは否定的注目になるので、子どもが嫌がります
- 行動の前に先に説明し、約束するとできることが増えほめられます
- 「ダメだよ」を教えるだけでなく、どうすれば上手くいくのか、やり方を具体的に工夫して教えます
- よい行動を短い言葉で伝えると成功しやすくなります

◆ ルールづくりとは？

不適切な行動場面で、子どもに適切な行動を教えたいとき、事前にルールづくりをして紙に書いて貼っておくと、困った行動をとってから、「ダメ」と言って行動を修正するより、教えるほうも子どもも楽です。

例 1
「ごちそうさま」をしてから席を立つ

毎回給食前に、「給食の後、『ごちそうさま』をしてから席を立ちます」と、先生が言ってから給食を始めます。食事の途中に席を立つ子どもには横について、席を立とうとしたら「『ごちそうさま』をしたら遊んでいいよ」と繰り返し伝えると、食事中の離席がなくなりました。食事が終わって、他の人が終わるまで待つスキルのない子どもには、本や小さな玩具を持たせて「待つ」ことを教えましょう。

◆ ソーシャルストーリーとは？

キャロル・グレイが推奨する、好ましい行動を肯定的に伝える方法です。
「ソーシャルストーリー」では、伝えたいことをスケッチブックなどに短い文章で書き、子どもが読んで学べるというものです。文字が読めない子には読んで聞かせます。目に見えないルールを文章に書いて視覚的に伝え、何回も繰り返して見ることができ、できたときや、ほめるときに使います。

例2　一番になれなくても怒りません

たとえば、友だちとのゲームで一番になれないとかんしゃくを起こす子どもには、以下のようなソーシャルストーリーで教えましょう。

> **一番になりたい**
> ともだちとトランプやゲームをするのはなかよくするためによいことです。ゲームではいちばんになるひともいますが、2ばんや3ばんになるひともいます。ぼくは1ばんになれないかもしれません。1ばんになれなくてもないたりおこったりしません。ゲームはたのしみます。

例3　朝の約束とやさしい言葉

朝お父さんと遊んでほしくてお父さんをたたく子どもに教えたいスキルは、
①朝の支度が終わったら遊べる　②ソーシャルストーリーをお母さんが読んだら約束が守れる　③やさしい言葉で言うの3つです。できたら好きなシールを貼り、シールがたまったら好きな本が買える約束でできるようになりました。

【あさのおやくそく】

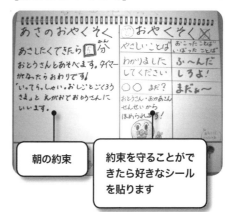

朝の約束

約束を守ることができたら好きなシールを貼ります

◆ コミック会話とは？

　場面を漫画で表し、状況や人の言葉や思いを表現して説明する方法です。

　図はキャロルグレイが考案した「コミック会話」です。線画を用いて簡単に、人が言ったことと人の思っていることを吹き出しの中に文字で示して会話を視覚化します。人がどう思っているのかを「見える化」することで、人の意図が伝えやすくなります。

実践例　活動の切り替えが難しい男の子の例

　好きな遊びに夢中になると、終わりの時間に切り替えがむずかしいたかし君のために、先生は時計の針の数字で約束することにしました。先生が「いつまで？」と聞くと自分で「長い針7まで待って」が言えるようになりました。

支援方法 6 感覚過敏・こだわりへの配慮

情緒が不安定だとこだわりや感覚過敏はより強くなります。安心できる環境、子どもが好きな遊びや活動、肯定的な声かけを増やすと、安心してこだわりや感覚過敏は減少します。

ポイント

- 感覚過敏やこだわりは、安全・安心がないと増幅します
- 感覚過敏やこだわりが強くなったときは、今何が子どもの負担になっているのかを考えましょう
- 感覚過敏は無理強いせず、少しずつ慣らしていきましょう
- こだわりは、無理に取り上げず、人に迷惑がかからないものに置き換えましょう

　自閉症スペクトラムの人はいつも同じであることを好み、そのことで生活が安定します。同じであることで心が安心します。周囲に迷惑をかけないことはできるだけ取り上げず、少しずつ変化させていきましょう。

　幼児期の保育園での感覚過敏で最も相談が多かったのは以下の通りです。

> **聴覚過敏**：太鼓の音／小さな子どもが突然に泣く声／ホールのざわざわした音／保育士や友だちの大きな声／水洗の流れる音／トイレのエアータオルの音／運動会のピストルの音
> **視覚過敏**：特定のぬいぐるみや絵や床のしみ
> **触覚過敏**：粘土や砂
> **味覚過敏**：偏食

　感覚過敏の克服は、ピストルの音のような非日常的なものは、環境の操作（笛に替えるなど）で配慮しましょう。生活の中で必要なものは少しずつ慣らしていきましょう。

◆ 感覚過敏への対応：スモールステップで少しずつ成功を増やす

例1：太鼓の音

ステップ

①先生と一緒に部屋の外から抱っこで見る
②部屋の中、一番後ろで抱っこで見る
③みんなの近くに行って抱っこで参加する
④または、嫌なときは耳をふさぐことを教える

例2：トイレの音

ステップ

①誰もいないトイレへのぞきに行く
②誰もいないトイレへ先生と少し入る
③誰もいないトイレへ先生と入ってシールをはる
④誰もいないトイレへ先生と便器に近づき、シールをはる
⑤誰もいないトイレへ先生と便器に座ってシールをはる
⑥誰もいないトイレへ先生と便器に座って排泄できたらシールをはる
⑦先生が外でトイレの中を見て、誰もいないことを確認して、一人で入る

例3：偏食

ステップ

①少し食べられたものから、ひとなめしたら大ほめ ⇒ ほうび：好きな本
②お皿に一さじ分だけいれ、食べたらほめる ⇒ ほうび：好きな本
③お皿に二さじ分だけいれ、食べたらほめる ⇒ ほうび：好きな本
④お皿に三さじ分だけいれ、食べたらほめる ⇒ ほうび：好きな本
⑤お皿に四さじ分だけいれ、食べたらほめる ⇒ ほうび：好きな本
⑥お皿に半分だけいれ、食べたらほめる ⇒ ほうび：好きな本
⑦お皿に三分の二分だけいれ、食べたらほめる ⇒ ほうび：好きな本
⑧お皿に全部いれ、食べたらほめる ⇒ ほうび：好きな本
⑨同時に「おしまい」や「へらしてください」を教える。

みんなと同じことができて嬉しかった成功体験を増やし、頑張ったことを大いにほめましょう。「やればできる」の無理強いは、不安や緊張を増やします。少しずつ慣らしていきましょう。

スモールステップとは？

課題を遂行するために必要な行動を小さなステップに分け、段階的に達成していくことです。何段階かにゴール設定を分けます。1回でゴール達成が可能な子どももいれば、2から3段、10段の段階を経てゴールが達成できる子どもまで、個人によってステップの内容には工夫が必要です。

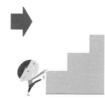

こだわりとは？

幼児期によく見られるこだわりは以下のものです。
- 同じものを手にもつ（青い板、トミカの車、タオル、ぬいぐるみなど）
- 同じ服
- 同じ食べ物（同じパン、卵かけごはん、1つの牛乳の銘柄しか受けつけない）
- 道順
- ものの置き位置
- 人の座る位置
- 戸や引き出しを閉める
- 遊びでの固執（水遊び、物並べ、車輪や回るもの、数字・アルファベット、決まった本など）

◆ こだわりへ対応

いきなりなくそうとせず、少しずつ変化させたり（スモールステップ）、好きなもののレパートリーを増やしていきましょう。こだわりを上手に使えば、心の安定が得られたり、新しくできる活動を増やすことに役立ちます。

例1　好きなタオルケットをいつも手に持っている

・外出するときも手に持って行く場合：同じ素材の小さなものに置き換えたり、小さく切って持って行く

例2　大好きなぬいぐるみをいつも手に持っているので活動ができない

・両手で持つ→片手に持つ→机に置く→近くの袋にいれる→ロッカーのカバンに入れる→車に置いておく→家に置いてくる
・園の中で他のお気に入りを見つける（トミカの車、好きなブロックなど）

例3　トーマスのこだわり

・トーマスの車→トーマスのパズル→トーマスの本→トーマスの塗り絵→トーマスの数字→トーマスで文字→こだわりを利用して行動のレパートリーを増やすことができます（こだわりの効用）

コラム：トイレトレーニング

トイレの指導は、生活が安定して、先生との信頼関係ができてから、目標をあげていきましょう。

●スモールステップ

①おむつがぬれたときに、部屋で交換して、トイレへおむつを捨てに行き、手をあらい、シールをはりましょう
②おむつをトイレで交換して、シールをはりましょう
③おむつをはいたまま便器に座ってみましょう、1から5から10と座る時間をだんだん長くして、ほめましょう。できたらシールをはりましょう
④そろそろ出そうな時間におむつをとって、便器に座ってみましょう。できたら大いにほめましょう。座ったらシールをはりましょう

●音や人や部屋の過敏への配慮

①誰もいない時間に誘いましょう。子どもが出てから水洗を流しましょう
②自分で水洗を流しましょう
③流すときに「流すよ」と伝える：突然の音が嫌な場合
④好きな子と二人でトイレへ行きましょう
⑤友だちと一緒にトイレへ行きましょう

第2章

場面別 ABC支援

Scene 1	朝お母さんと別れるとき大泣きする
Scene 2	朝の支度ができない
Scene 3	友だちと遊べない
Scene 4	友だちに手が出る
Scene 5	友だち・保育士に乱暴な言葉を使う
Scene 6	片づけない
Scene 7	工作が苦手・手先が不器用
Scene 8	着替えができない
Scene 9	食事中の離席がある
Scene 10	偏食で食べない
Scene 11	並ぶことができない・順番が待てない
Scene 12	教室から出て行く
Scene 13	待つことができない
Scene 14	切り替えが困難
Scene 15	体操や踊りができない

場面別 ABC 支援
考え方の基本

園での1日の流れに沿った状況・活動の中で気になる子が困っている場面をABC記録にして、困った行動がなくなるには、どのような環境や関わり方の工夫ができるのかを考えましょう。

適切行動を教える成功の秘訣

不適切行動は誤学習・未学習なために起こります。適切行動を教えるためには以下のような工夫をすると成功しやすくなります。

①スモールステップで、できそうな小さなことやさしいことから
②教えやすい場所で教える
③指示は一つずつ、まず1つから成功
④できてほめるサイクルに（正のサイクル）
⑤言ってわからないことは、もう1回個別で指示
⑥言ってわからないことは、やって見せる（先生が見本・友だちの真似）モデリング
⑦やって見せてできないことは手伝って一緒にやる（二人羽織）
⑧やっちゃだめより、〜〜します （肯定文で言う）
　（Don't より Do ＝ 走っちゃダメより歩きます）
⑨「〜〜します、〜〜します、〜〜します」と3回言う（ブロークンレコード）
⑩やって欲しいものを見せる、手渡す
⑪視覚支援で見通しをもたせる
　　（言葉でわからないや忘れるは、スケジュール表や手順表やカード）
⑫見通し：A）　〜〜してから〜〜します
　　　　　B）　時間の見通し：時計の針・タイマー・砂時計・後何回

ABCフレーム

①気になる行動を A 直前―B 行動―C 直後に分けて記録します。

A：直前（原因）	B：行動	C：直後（結果）

②その後
A 直前の工夫
　◆Why？　なぜできないのでしょうか？
　◆どうすればうまくいく？を考えます。
例
・遊具で遊んで着替えません　⇒　工夫★遊具の見えないところで着替える
・友だちがいると着替えません　⇒　工夫★友だちと離れて着替える

問題解決シート

担任だけではなかなか行動の改善が見られないときは、園／学年全体で問題解決シートを使って、ABC 支援のアイデアを出すと一人で考えるより多くのアイデアが出てきます。問題解決シートはチーム支援をするツールになります。

不適切行動をなくそうとするより適切行動を教えましょう。

問題解決シートを使って好ましい行動を増やし、ほめていきましょう。

ABC 支援を Scene 別に問題解決シートに書きこんでみました。

【負のサイクルと正のサイクル】

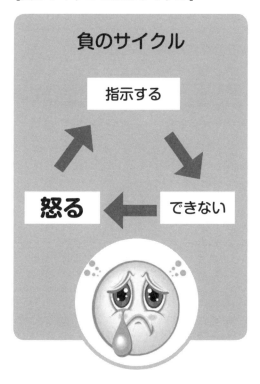
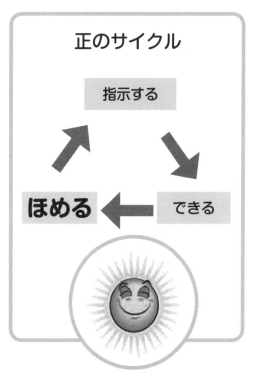

平岩幹男　平成 25 年 1 月　静岡講演スライドより

Scene 1

朝お母さんと別れるとき大泣きする

新入園児の華さんは朝の登園のときにお母さんにしがみついて離れません。

◆ ABCフレームで考える

A：直前（原因）	B：行動	C：直後（結果）
朝の登園のとき お母さんにしがみつき	「いやだ、行かない」と大泣きします	「教室に行こう」と、言うとさらに大泣きします

Why？　なぜ泣くのでしょうか？

①お母さんと離れたくない
②園が不安

A：直前　どんな工夫★ができるでしょうか？

①お母さんと離れたくない
　★お母さんが迎えに来ることがわかるようにする
　★園にお母さんに代わる安心できる先生や友だちがいる
②園が不安
　★安心できる先生や友だちがいる
　★楽しい遊びや活動がある
　★園でのスケジュールがわかり、見通しがもてる
　★安心グッズや、安心できる場所がある

B：行動 できるようになりたいスキル（本人ができる「大泣き」の代替行動）は

- 先生や友だちと関わる
- 友だちと遊ぶ（ブロック、プラレール、砂場、おいかけっこなど）
- 1日の流れがわかる
- 不安なとき、安心グッズや安心できる場所で落ち着く（絵本、ぬいぐるみ、乗り物の玩具など）

◆ ABC支援の実際

A直前を工夫して、B代替行動にして、C直後でほめる

A：直前（原因）	B：行動	C：直後（結果）
朝の登園のとき 大好きな絵本を持って行き、 「一緒に絵本読もう」と誘う	お母さんの膝の上で絵本を読む 本を読み終わったら お母さんとさよならをする	できたことをほめる
朝の登園のとき 「ブロックをしよう」とブロックを一つわたす	ブロックを受け取り、 先生と教室へ行く	ブロックで遊んだことをほめる
朝の登園のとき 玄関で友だちが待ち、「お部屋に行こう」と誘う	友だちと部屋へ行く	友だちと部屋へ入ったことをほめ、シャボン玉でシャボン玉で遊ぶ
朝の登園のとき 先生が玄関で友だちと 「お部屋でブロックしよう」と誘う	お母さんとさよならし 一人で部屋へ行く	一人で部屋へ来たことをほめ、 友だちとブロックで遊ぶ
朝の登園のとき 一日のスケジュール表を見せ、 「楽しみだね」と説明する	スケジュール表を持って部屋へ行く	スケジュール表を見ながらで行動して、 シールを一つひとつはってほめる
朝の登園のとき 大好きなぬいぐるみを 持ってくる	ぬいぐるみを持って お母さんとさよならする	さよならできたことをほめ、 ぬいぐるみで遊ぶ
朝の登園のとき 絵カードを見せ、ブロック、絵本、砂遊びのどれで遊ぶか聞く	絵カードを選んで、 お母さんとさよならする	さよならできたことをほめ、 カードで選んだ遊びをする

Scene 1 朝お母さんと別れるとき大泣きする

【1日のスケジュール 楽しい遊びと最後にお母さんが来る】

| C：直後 | できないときはC直後を変える |
</br>

A：直前（原因）	B：行動	C：直後（結果）
朝の登園のとき お母さんにしがみつき	「いやだいかない」と 大泣きします	「先生と抱っこで大好きな 絵本読もうね」と誘う
朝の登園のとき お母さんにしがみつき	「いやだいかない」と 大泣きします	「お友だちがプラレールで 遊んで待っているよ」と誘う
朝の登園のとき お母さんにしがみつき	「いやだいかない」と 大泣きします	ブロックと砂遊びのカードを 見せてどっちで遊ぶ？と誘う

【楽しい遊びのカード】

絵を描く

ぶらんこ遊び

風船遊び

外遊び

おもちゃ遊び

プール

問題解決シート

scene1　朝お母さんと別れるとき大泣きする

A：直前（原因）	B：行動	C：直後
朝の登園のとき お母さんにしがみつき	「いやだいかない」と 大泣きします	「教室に行こう」と、言うとさらに大泣きします
直前の工夫	**代替行動**	**直後できたとき**
・大好きな絵本を持って迎え、一緒に絵本読もうと誘う ・ブロックしようとブロックを一つわたす ・一日のスケジュール表を見せ、楽しみだねと説明する ・絵カードを見せ、ブロック、絵本、砂遊びのうち、どれで遊ぶか聞く	・先生の膝の上で絵本を読む ・先生が抱っこで園庭で遊ぶ ・ブロックを受け取り、教室へ行く ・スケジュール表を持って部屋へ行く ・絵カードを選んで、お母さんと、さよならする	・絵本楽しかったね ・ブロックで遊ぼうね ・スケジュール表を見て行動し、できたらシールをはる ・お母さんとさよならしたことをほめる
		直後できなかったとき
		・絵本を渡す ・先生が抱っこ ・スケジュール表を見せる ・遊びの絵カードを見せる ・お母さんと一緒に教室へ

第2章　場面別ABC支援

Scene 2

朝の支度ができない

新年長の健太君は、ぼーっと友だちを見ていたり、友だちが支度を終えて外へ遊びに行くと、支度が終わっていないのに、一緒に外へ遊びに行ってしまいます。

◆ ABC フレームで考える

A：直前（原因）	B：行動	C：直後（結果）
朝の支度のとき、大好きな友だちがおしゃべりしてると	ぼーっとながめて支度しません	「健太君かばんから、着替え出して」と、声かけると始めます
朝の支度のとき友だちが外へ遊びに行くと	一緒に外へ遊びに行ってしまいます	「健太君、朝の支度まだだよ」と、呼び戻し一緒に支度します

Why?　なぜ朝の支度ができないのでしょうか？

①朝の支度のスキルが身についていない
②友だちを見ると気がそれる

A：直前　どんな工夫★ができるでしょうか？

①朝の支度のスキルが身についていない
　★写真や絵でわかりやすく、手順表で教える
　★課題分析して、一つひとつ教える
　★最初は先生と一緒にして後半部分は自分でさせる
　★一緒に手伝って早く着替え、ほめてから遊びをする
②友だちを見ると気がそれる
　★大好きな友だちとは別の場所で着替える
　★園庭が見えない、壁に向って着替える
　★園のスケジュール表を見せて、見通しがもてる

★気が散らないように、仕度のものまでの動線を短くする

B：行動　できるようになりたいスキル（本人ができる代替行動）は

・先生と一緒に支度を始め、残りを一人でする
・手順表を見ながら支度する
・友だちを見ながら支度する
・友だちと支度の競争する
・できないとき「手伝って」と言う
・友だちに「終わるまで待って」と言う

【朝の支度の手順表】

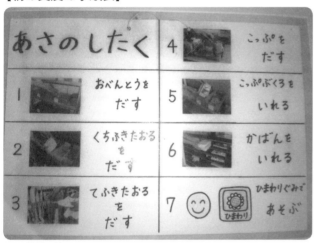

図は朝の支度が苦手な子どもたちのために園の先生がつくった手順表です。
数字の順に、絵や写真に単語か二語文で説明をつけ、指差して文を読み一緒に行動して教えていくと、子どもが自分で手順表を見て行動できるようになります。
手順表の利点は、話し言葉は消えてしまいますが、視覚支援は消えず自分のペースで見て理解することができるところです。
また手順表通りに教えると毎日同じやり方、同じ説明、同じ言葉なので未発達の子どもにはわかりやすく安定します。

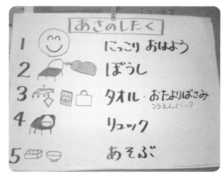

第2章　Scene2　朝の支度ができない

◆ ABC支援の実際

A直前を工夫して、B代替行動にして、C直後でほめる

A：直前（原因）	B：行動	C：直後（結果）
朝の支度のとき、手順表カードを渡し	先生が手伝って支度して最後だけ自分でする	支度し終わったことをほめ、大好きな本を読む
朝友だちより早めに登園し	朝の支度の手順表カードを見ながら一人で支度する	支度し終わったことをほめ、大好きな本を読む
朝の支度のとき、「友だちと一緒に着替えます」と言う	友だちを見ながら一緒に支度する	支度できたことをほめ、友だちと一緒に遊ぶ
朝の支度のとき、「友だちと競争しよう」と言う	保育士が手伝いながらなが ら一緒に支度する	支度が早くできたことをほめ、友だちと一緒に遊ぶ
朝の支度のとき、シールを渡し	動線から外れないように促し支度を終える	できたらほめ、ごほうびシールをはる

C：直後　できないときはC直後を変える

A：直前（原因）	B：行動	C：直後（結果）
朝の支度のとき大好きな友だちがおしゃべりしてると	ぼーっとながめて支度しません	手順表を見ながら指差して一つだけ先生と一緒にして、残りを一人で支度する
朝の支度のとき友だちが外へ遊びに行くと	一緒に外へ遊びに行ってしまいます	「手順表見て支度できたらのりものシールだよ」と言います

【ごほうびシール】

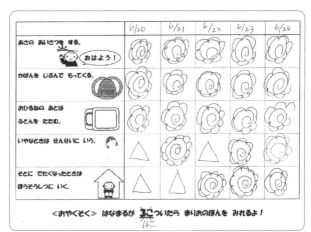

目標行動 1)「おはよう」のあいさつ 2) かばんを自分で持ってくる 3) 昼寝の後のふとんをたたむ 4) 嫌な時先生に言う 5) 外に出たくなったら放送室（クールダウンの部屋）へ行く を決めました。1)〜3) はやさしい課題、4) 5) は伸ばしたい行動です。4日目からすべて花丸になりました。ほうびは大好きなマリオの本にして成功しました。

問題解決シート

scene2　朝の支度ができない

A：直前（原因）	B：行動	C：直後
朝の支度の時ぼーっとして	支度をしません	先生が声をかけても始められません
直前の工夫	**代替行動**	**直後できたとき**
1 朝の支度のとき、手順表カードを渡し 2 朝友だちより早めに登園し 3 朝の支度のとき、友だちと一緒に着替えますと言う 4 朝の支度のとき、友だちと競争しようと言う 5 朝の支度のとき、シールを見せ動線を短くし	1 先生が手伝って支度して最後だけ自分でする 2 朝の支度の手順表カードを見ながら一人で支度する 3 友だちを見ながら一緒に支度する 4 保育士が手伝いながらながら一緒に支度する 5 動線から外れないように促し支度を終える	・支度し終わったことをほめ、大好きな本を読む ・支度できた事をほめ、友だちと一緒に遊ぶ ・できたことをほめ、ごほうびシールをはる
		直後できなかったとき
		・手順表を見ながら指差して一つだけ先生と一緒にして、残りを一人で支度する

Scene 3

友だちと遊べない

年中のたかお君は友だちに興味がありますが、自分から遊びに入れません。遊びに誘ってもルールがわからず、すぐ出て行ってしまいます。

◆ ABCフレームで考える

A：直前（原因）	B：行動	C：直後（結果）
友だちが楽しそうにドッジボールで遊んでいます	友だちの中へ入れません	うろうろ周りを走っています

Why?　なぜできないのでしょうか？

①場面に合わせた言葉が言えない
②遊びのルールがわからない
③１日のスケジュール（外遊びの時間）がわからない

A：直前　どんな工夫★ができるでしょうか？

①場面に合わせた言葉が言えない
　　★先生と手をつないで一緒に参加する
　　★友だちに「一緒に遊ぼう」と誘ってもらう
　　★「いれて」の練習をする
②遊びのルールがわからない
　　★先生と２人でドッジボールの練習をする
　　　１．ボールから逃げることを教える
　　　２．ボールがあたったら外へ出る
　　　３．ボールを友だちにあてる
　　一つずつ教えましょう

★ほかの好きなできる遊びにさそう
★遊びの手順表をつくる
③園での１日のスケジュールがわかり、自由遊びの時間、場所の見通しがもてる
★１日のスケジュール表をはっておく

| B：行動 | できるようになりたいスキル（本人ができる代替行動）は |

・遊びのルールがわかる
・先生と一緒に友だちと遊ぶ
・好きな遊びなら、友だちと遊びができる（ブロック、プラレール、砂場、おいかけっこなど）
・困ったら、先生を呼ぶ
・好きなしっかりした友だちや年長のペアーさんと遊ぶ
・１日の流れがわかる
・不安なとき、安心できる場所へ行く（リソースルーム、事務室、園長室など）

◆ ABC 支援の実際

A直前を工夫して、B代替行動にして、C直後でほめる

A：直前（原因）	B：行動	C：直後（結果）
ドッジボールのとき、先生が誘い	先生と手をつないで、一緒にドッジボールに参加する	ドッジボール一緒にできたことをほめる
先生と2人で	ドッジボールの逃げるを練習する	逃げるができたことをほめる
先生と2人で	ドッジボールのボールがあたっても怒らないを練習する	ボールがあたって怒らなかったことをほめる
先生と2人で	「ボールがあたったら外へ出る」を練習する	ボールがあたって外へ出たことをほめる
友だちが「ドッジボール遊ぼう」と誘って、中へ入る	ルールどおりに遊ぶ	怒らず、ルールどおりにできたことをほめる
１日のスケジュールで、事前にドッジボールを何時にするかを予告する	友だちと一緒に外へ出てドッジボールする	仲良く遊べたことをほめる

C：直後	できないときはC直後を変える

A：直前（原因）	B：行動	C：直後（結果）
友だちが楽しそうにドッジボールで遊んでいます	友だちの中へ入れません	「ドッジボールで遊ぼう」と誘って中へ入る。遊べたことをほめる
友だちが楽しそうにドッジボールで遊んでいます	友だちの中へ入れません	「遊ぼう」と友だちに誘ってもらう。遊べたことをほめる

問題解決シート

scene3　友だちと遊べない

A：直前（原因）	B：行動	C：直後
友だちが楽しそうにドッジボールで遊んでいます	友だちの中へ入れません	うろうろ周りを走っています
直前の工夫	**代替行動**	**直後できたとき**
1　ドッジボール一緒にやろうと誘う 2　先生と二人で 3　先生と二人で 4　先生と二人で 5　友だちに誘ってもらって 6　先生が誘って 7　先生が友だちも誘って	1　先生と手をつないで入る 2　ドッジボール逃げるを練習する 3　ドッジボールがあたったら外へ出るを練習 4　あたっても泣かないを練習 5　ドッジボールで遊ぶ 6　先生と鬼ごっこをする 7　友だちと鬼ごっこする	1　ドッジボール頑張ったね 2　逃げるができたね 3　あたって外へ出るができたね 4　泣かないでえらかったね 5　鬼ごっこ楽しかったね
		直後できなかったとき
		1　「ドッジボールか鬼ごっこ、どっちで遊びたい？」と聞く 2　先生が手をつないで一緒に入る

子どもの遊び

　園で友だちと安心して遊べると、楽しみが増えます。子どもが、どんな遊びに興味をもち、友だちや保育士に関心をもっているかを観察しましょう。

遊びの発達過程

　1歳までの子どもは、大人と1対1で遊びます。
　1歳から2歳で友だちに興味をもつようになると、友だちをよく見るようになり、そばに近寄り、真似をしたり、平行遊びをするようになります。その後ごっこ遊びができるようになります。
　3〜4歳頃からルールのある遊びや、順番を待つや競争遊びができるようになります。
　5歳頃から、役割を分担し相手に合わせて協調遊びができるようになります。

発達のばらつき

　発達にばらつきがあり、言葉は理解でき話せるのに社会性の発達が遅れ、ルールが守れなかったり、多動や衝動性で待てなかったり、順番が守れなかったりする子がいます。また注意がそれやすく、集中が短いために一つの遊びを長くできない子もいます。

安心できる遊びの援助法

　不安が強いときには、一人で遊ぶことを保証するのも必要ですが、園での友だちとの遊びは、対人関係やコミュニケーションや社会性の発達を伸ばす絶好のチャンスですので、一人遊びが好きな子もできるだけ、友だちと遊べるように援助しましょう。安心して遊べるためには、まずその子が好きな遊びに保育士が寄り添い、人と関わることの楽しさを教えましょう。
　その後、好きな遊びに保育士が一緒について、好きな友だちを誘いましょう。
　おいかけっこ、だんご虫拾い、シャボン玉、粘土、お絵描き、ブロック、プラレールなど、友だちと遊びを共有できるものを探しましょう。
　1人から2人、3人と友だちの数を増やしていきましょう。
　友だちが遊んでいる様子を観察して、子どもが遊びに興味をもったら、先生と練習してから一緒に友だちの中へ入りましょう。鬼ごっこやドッジボールなどのルールのある遊びはわかりにくいので、先生が一緒に手を引いてルールを教えながら遊びましょう。

【友だちとの遊び】

Scene 4

友だちに手が出る

ゆうと君は嫌なことや思い通りにならないことがあると友だちをたたきます。

保育園や幼稚園の先生方と研修会や巡回相談をしていて一番多い相談は、友だちをたたく、押す、ひっかくなどの乱暴な行動です。困った行動は、適切な行動を学習していないために起こっているので、適切な行動やコミュニケーションが学習できるとなくなります。

◆ ABC フレームで考える

A：直前（原因）	B：行動	C：直後（結果）
目の前を友だちが通ると	友だちをたたく	「たたいたらダメ、お友だちに謝ろう」
遊びの途中進路に友だちがいると	友だちを押し倒す	「押したらダメ、危ないよ」
ままごと遊びをしていてお気に入りの玩具の鍋を友だちが使っていると	友だちをたたき、鍋をうばいとる	「友だちをたたいちゃダメ」
座りたい場所に友だちがいると	たたいて、押しのけて、友だちに席に座る	「友だちが先に座っていたでしょ、ダメだよ」

Why？ なぜたたいたり、押すのでしょうか？

①目の前に急に現れ、びっくりした
②目の前にいて邪魔だった
③お気に入りの玩具の鍋がほしい
④言葉でとっさに言えない

A：直前　どんな工夫★ができるでしょうか？

①目の前に急に現れ、びっくりした
　　★目の前に行かないように友だちに協力してもらう
　　★友だちに、声をかけてから近づくように教える
②遊びの途中で進路に友だちがいて邪魔だった
　　★友だちに邪魔されない一人の遊びスペースをコーナーに保証する
③お気に入りの玩具の鍋がほしい
　　★本人用のままごとの鍋を別に用意する
　　★鍋の数を増やす。
④とっさに言葉で言えない
　　★事前に約束する。
　　1　何かあったら先生を呼ぶように遊ぶ前に言う
　　2　友だちの玩具がほしいときは「『貸して』と言おうね」と事前に言う
　　3　事前に席を決めておく
　　4　遊ぶ前にたたかない／押さない／玩具をうばいとらないを約束する

B：行動　できるようになりたいスキル（本人ができる代替行動）は

・「どいて」「じゃま」「来ないで」と、言葉で言える
・「貸して」「それぼくの」が言葉で言える
・いやなとき、困ったときは先生を呼べる
・「○○したい」と言葉で言える
・嫌なとき「やめて」が言える
・「あっちへ行って」が言える
・たたいたりしないで、本人用の席に座ることができる
・怒らない、たたかない、押さないの約束をして、ほうびシールを決める

◆ ABC支援の実際

A直前を工夫して、B代替行動にして、C直後でほめる

A：直前（原因）	B：行動	C：直後（結果）
友だちが「そこ通っていい？」と、聞いてから目の前を通ろうとしました	「あっち行って」と、答えました	「たたかないで、言葉で言えてえらかったね」とほめる
ままごと遊びをしていてお気に入りの玩具の鍋を友だちが使っていると	「先生」と言う	「怒らないで言葉で言えてえらかったね。鍋は次に貸してもらおうね」
絵本の読み聞かせの時間	お気に入りの決まった席に座る	決まった席に座れたことをほめる
ままごとの時間の鍋の数を増やすけんかしないで遊んだら、○シールだよと先に言う	自分の鍋で遊ぶ	けんかしないで遊んだことをほめて、シールをはる

C：直後　できないときはC直後を変える

A：直前（原因）	B：行動	C：直後（結果）
目の前を友だちが通ると	友だちをたたく	「友だちが急に通って、嫌だったの？『あっち行って』と言おうね」
遊びの途中進路に友だちがいると	友だちを押し倒す	「友だちが邪魔だったの？『どいて』と、言えるかなぁ」
ままごと遊びをしていてお気に入りの玩具の鍋を友だちが使っていると	友だちをたたき、鍋をうばいとる	「鍋がほしかったの？ほしいときは『せんせい』って、呼ぼうね」

【約束カード】

静かに

怒らない

【トークン表　怒らない】

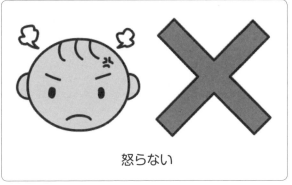

第2章 scene4 友だちに手が出る

問題解決シート

scene4-1　友だちに手が出る

A：直前（原因）	B：行動	C：直後
目の前を友だちが通ると	友だちをたたく	「友だちたたいちゃだめだよ」と言う
直前の工夫	**代替行動**	**直後できたとき**
1　友だちにゆうとくんの前を通る時そこ通っていいと聞いてと教える 2　邪魔されない場所で遊ぶ	1　「あっちへ行って」と先生と言葉で言う 2　ケンカをしないで遊ぶ	1　「たたかないで」と言葉で言えたね 2　ケンカしないで遊べたね
		直後できなかったとき
		・「友だちが急に通って、嫌だったの？『あっち行って』と言おうね」

第2章　場面別ABC支援

問題解決シート

scene4-2　友だちに手が出る

A：直前（原因）	B：行動	C：直後
ままごと遊びのときお気に入りの鍋を友だちが使うと	友だちをたたく	「友だちをたたいちゃだめだよ」という
直前の工夫	**代替行動**	**直後できたとき**
1　ゆうとくん専用かごを作り、お気に入りの鍋を入れておく 2　邪魔されない場所で遊ぶ 3　鍋を使いたい人は先生に言ってね 4　鍋を使いたいときは友だちに「貸して」を言おうね 5　鍋の数を増やす	1　ケンカしないで遊ぶ 2　ケンカしないで遊ぶ 3　「先生鍋貸して」と言う 4　友だちに「貸して」と言う	1　ケンカしないで遊べたね 2　「貸して」が言えたね、おりこうだね
		直後できなかったとき
		・鍋を使いたい時は先生を呼んでね ・先生と一緒に「貸して」と言おうね

コラム　「できてほめるのサイクル」：事前のルールづくりの意義

　失敗してから注意されるのは否定的注目です。先にルールづくりをしてから、「できてほめる」のサイクルは肯定的注目です。

　先生や友だちからの否定的注目が多い子は否定的注目が増えますし、肯定的注目が多い子は肯定的注目が増えます。否定的注目が多いと、安心がなく情緒が不安定になります。肯定的注目が増えると自尊感情が育ち、情緒が安定します。

　失敗してから叱られるではなく「できてほめるのサイクル」を増やしましょう。先生の気持も安定します。

Scene 5

友だち・保育士に乱暴な言葉

年少の健太君は思い通りにならないときや、保育士や友だちに注意されると、乱暴な言葉を言います。

◆ ABCフレームで考える

A：直前（原因）	B：行動	C：直後（結果）
朝の登園のとき、朝の支度をしないで走り回るので、先生が「走ってないで支度しよう」と言うと	「うるせい、ばか」と言う	「汚い言葉はだめだよ」と注意します
片づけをしないので友だちが「片づけしないとダメだよ」と、注意すると	「バカやろう」と怒ります	「友だちにやさしくしないとダメだよ」と、注意します
工作の時間、上手くつくれないと	「もういや、ばか」と、友だちや先生に言います	「ばかと言わないよ」と注意します

Why?　なぜ乱暴な言葉を言うのでしょうか？

①注意されるのがいや
②できないのがくやしい
③やり方がわからない

A：直前　どんな工夫★ができるでしょうか？

①注意されるのがいや：「走ってないで支度しよう」否定文
　　★肯定文で言う　「先生と一緒に支度してから追いかけっこしよう」

②「片づけしよう」③やり方がわからない、できないのがくやしい
　　★手順表をはって指差して、朝の支度や片づけを誘導する
　　★一部を手伝って一緒にやり、残りを一人でやる
　　★スケジュール表をはって、朝の支度を誘導する
③工作の前に（★事前に言う）
　　★手助けを求める
　　　「工作上手くいかないときは『せんせい』か『手伝って』を言おうね」
　　★苦手な工作の時間は横について、一緒に行う

B：行動　できるようになりたいスキル（本人ができる代替行動）は

・先生と一緒に着替える
・手順表を見て一緒に着替える
・スケジュール表で、1日の流れがわかり、朝の支度をする
・先生と一緒に片づける
・工作がうまくいかないときに、先生を呼ぶ
・先生と一緒に苦手な工作する

問題解決シート

scene5　友だち・保育士に乱暴な言葉

A：直前（原因）	B：行動	C：直後
朝の支度をしないで走り回るので、先生が「走ってないで支度しよう」と言うと、	「うるせい、ばか」と言う	「汚い言葉はだめだよ」と注意した
直前の工夫	**代替行動**	**直後できたとき**
1　朝の支度の時間手をつないで 2　玄関で迎え支度一緒にしてからトミカの本を見よう 3　友だちと競争で支度しようと誘う 4　支度してから一緒に遊ぼうと誘う	1　先生と一緒に支度する 2　先生と一緒に支度する 3　友だちと支度する 4　一人で支度する	・支度できたから一緒に遊ぼう ・トミカの本を見る ・一人で支度、えらかったねとほめる
		直後できなかったとき
		・先生と一緒に支度しようと誘う ・後いくつで支度する ・支度終わったら一緒に遊ぼう待ってるね

Scene 6

片づけない

年少の健太君は自由時間に好きなプラレールで遊ぶと、「片づけだよ」の合図で切り替えて片づけができません。

◆ ABC フレームで考える

A：直前（原因）	B：行動	C：直後（結果）
年少の健太くんは自由時間に好きなプラレールで遊ぶと「片づけだよ」の合図で	片づけないでプラレールで遊んでいます	片づけないとダメだよと注意します

Why?　なぜ片づけないのでしょうか？

①好きなプラレールの遊びに夢中で切り替えができない
②時間がわかっていない
③スケジュールがわかっていない
④片づけ方がわからない

A直前　どんな工夫★ができるでしょうか？

★遊び始める前に時計の針6で片づけだよと約束する
★片づけカードを見せて9時半に片づけを促す
★先生と一緒に片づけてシールはろうと誘う
★半分先生が片づけ、一つずつ手渡しかごへ入れる
★片づけかごのそばで遊び、動線を短くする

◆ ABC支援

A直前を工夫して、B代替行動にして、C直後でほめる

A：直前（原因）	B：行動	C：直後（結果）
片づけの時間「健太君一緒に片づけしよう」と誘う	先生が半分片づけ残りを手伝って、最後を自分で片づける	片づけできたことをほめる
「遊び始めに9時30分になったらお片づけだよ」と視覚表で説明する	一緒に片づける	一緒に手伝ったことをほめる
「後1分でお片づけだよ」と言ってタイマーをおく	タイマーがなって片づけ始める	「えらいね。時間で片づけできたね」と片づけを始めたらほめる

C：直後　できないときはC直後を変える

A：直前（原因）	B：行動	C：直後（結果）
片づけの時間　一緒に片づけしようと誘う	なかなか片づけません	かごを近くまで持って行き、玩具を一つ手渡し、一緒に入れてほめる
「後1分でお片づけだよ」と言ってタイマーをおく	タイマーがなっても片づけ始めません	10数えたら片づけしようね
「後1分でお片づけだよ」と言ってタイマーをおく	タイマーがなっても片づけ始めません	「先生と一緒に片づけてシールはろうね」と1個片づけてシールをはりに行く

【片づけカード】

遊び始める前に「時計の針が6になったらお片づけだよ。お片づけできる人」「ハーイ」の約束をしてから遊びます。時間になったら「時計の針6だよ」一緒にお片づけしようと誘います

トークン表の目標行動にお片づけを入れ、手伝って成功させ、できたらシールをはります

問題解決シート

scene6　片づけない

A：直前（原因）	B：行動	C：直後
健太君は自由遊びの後片づけだよと言っても	プラレールの遊びを続ける	片づけないとダメだよと叱る
直前の工夫	**代替行動**	**直後できたとき**
1　片づけの時間「健太君一緒に片づけしよう」と誘う 2　遊び始めに「9時30分になったらお片づけだよ」と視覚表で説明する 3　「後1分でお片づけだよ」と言ってタイマーをおく	1　先生が半分片づけ残りを手伝って、最後を自分で片づける 2　先生と一緒に片づける 3　タイマーが鳴って先生が玩具を手渡す	1　片づけできたことをほめる 2　えらいね時間で片づけできたね 3　タイマーで片づけできたね
		直後できなかったとき
		・かごを近くまで持って行き、玩具を一つ手渡し、一緒に入れてほめる ・10数えたら片づけしようね ・先生と一緒に片づけてシールはろうね

【時間の視覚支援のいろいろ】

時計　　　　　　　タイマー　　　　　　　砂時計　　　　　　やりたいカード

Scene 7

工作が苦手・手先が不器用

健太君は苦手な工作の時間になると部屋から出て行って、外でボール遊びをして、誘っても嫌がって動きません。

制作活動に取りかかろうとしない子がいます。好きなこと以外やろうとしないと思いがちですが、実はうまくできないからやろうとしなかったり、友だちから下手だと言われたくないとか、完璧にできないから嫌だったりします。

◆ ABC フレームで考える

A：直前（原因）	B：行動	C：直後（結果）
苦手な工作に時間になると	部屋から出て、	ホールで遊んでいます。誘っても嫌がって動きません

Why？ なぜ工作ができないのでしょう？

①聞いていない
②工程が複雑でできない
③はさみが苦手
④のりが手につくのがいや
⑤他のことへ気が散る

A：直前　どんな工夫★ができるでしょうか？

①聞いていない
　★手順表を見せて説明する
②工程が複雑でできない
　★実物を見せて説明し、工程を短く区切る
③はさみが苦手
　★はさみの難しいところを手伝い、一部だけさせる

④のりが手につくのがいや
　★スティックのりにして、先生と一緒にする
　★気が散らないように場所を工夫する
⑤他のことへ気が散る
　★大好きなテーマ、キャラクターなどを工夫して興味がもてるようにする

B：行動　できるようになりたいスキル（本人ができる代替行動）は

・手順表を見てできる
・短い区切りで、先生と一緒にする
・難しいところは先生がして、残りのやさしいところをする
・「先生手伝って」と言う
・好きな題材に変更してする

◆ ABC支援の実際

A直前を工夫して、B代替行動にして、C直後でほめる

A：直前（原因）	B：行動	C：直後（結果）
工作の時間 どれをやりたいかと聞いてできる教材を選ばせる	選んだ教材を先生と一緒にする	できたことをほめる
工作の時間 先生と一緒にやろうと誘う	手順表を見ながら 先生と一緒に工作する	先生と一緒にできたことをほめる

C：直後　できないときはC直後を変える

A：直前（原因）	B：行動	C：直後（結果）
苦手な工作に時間になると	部屋から出て	ホールで遊んでいます 誘っても嫌がってやろうとしません 先生のお手伝いしてくれるかと聞く
苦手な工作に時間になると	部屋から出て	ホールで遊んでいます 誘っても嫌がってやろうとしません 一つだけしてから先生と一緒に遊ぼう

【手順表の例】

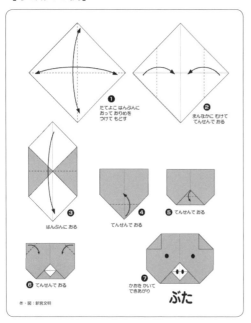

問題解決シート

scene7　工作が苦手・手先が不器用

A：直前（原因）	B：行動	C：直後
苦手な工作の時間になると	部屋から出て	ホールで遊んでいます 誘っても嫌がって動きません
直前の工夫	**代替行動**	**直後できたとき**
1　工作の時間どれをやりたいかと聞いてできる教材を選ばせる 2　先生と一緒にやろうと誘う 3　半分やった残りを渡し 4　スケッチブックを渡し	1　自分で選んだ教材をつくる 2　先生と一緒に行う 3　残り半分をする 4　好きな絵を描く	1　できたことをほめる 2　「先生と一緒にできたね、偉かったね」とほめる 3　「最後までつくってくれてありがとう」とほめる 4　絵を描いたことをほめる
		直後できなかったとき
		1　「どれをやりたい？」と選択させる 2　「先生と残りを一緒にやろうね」 3　「お絵描きする？」

コラム　行動を4つに分ける

　一つひとつ声をかければできますが、先生がいないと自立して活動ができない子がよくいます。なぜ毎日している生活の身辺動作が自分からすすんでできないのでしょう。
　原因を考えてみましょう。
①聞いていない
②理解していない
③気がそれてできない・忘れてしまう
④わざとやらない

①聞いていないのなら……

　そばへ行って名前を呼んでから、または目に入る位置へ動いて、肩に手をおいて注意を向けてから「着替えします」と声をかけてみましょう。話し言葉だけでなく、視覚カードで注意を喚起してみましょう。

②やり方を理解していないのなら……

　手順表を見ながら一緒に片づけから、手順表を見ながら自分で片づけできるように、部分を一つずつ教えましょう。

③できるけど忘れてしまうのなら……

　気になるものを目に入る位置に置かないように、壁に向って着替えるように、着替えの位置を工夫しましょう。
　友だちが気になるなら、一緒に競争したり、友だちが見えない位置を工夫しましょう。

④わざとやらないのなら……

　よい行動のときにもっと注目してほめましょう。トークン表を使ってほめることを増やしましょう。注目してもらいたい子にはみんなに注目してもらえる場面を演出しましょう（あいさつ係、始めましょうを言う係、配る係など）。

【トークン表】

第2章　Scene7　工作が苦手・手先が不器用

Scene 8

着替えができない

たかお君は朝の着替え時間に、友だちが遊びに行くのを見ると、着替えをしないで、友だちについて行ってしまいます。また、教室へ来て玩具や本が目に入ると遊びを始め、促しても着替えを始めません。

◆ ABC フレームで考える

A：直前（原因）	B：行動	C：直後（結果）
たかお君は朝の着替え時間に、友だちが遊びに行くのを見ると	着替えをしない	友だちについて遊びにいく。追いかけて連れ戻し、一緒に着替えます
朝教室へ来ると、玩具や本に目がいき、	着替えないで、遊び始めます	「着替えてから、遊ぼう」と言ってもなかなか始めません

Why?　なぜ着替えないのでしょう？

①遊びが目に入ると、遊びたい（衝動性）を抑えることができない
②着替えのスキルが身についていない
③朝の生活の流れがわかっていない

A：直前　どんな工夫★ができるでしょうか？

①遊びが目に入ると、遊びたい（衝動性）
　★友だちが目に入らないように壁に向かって着替えする
②着替えのスキルが身についていない
　★先生と一緒に手伝って支度してから遊びに行く（早く着替えるスキル）
　★着替えの手順表をはって指差して誘導する
　★着替えの前に事前に言う
　「着替え手伝ってほしいときは『せんせい』か『手伝って』を言おうね」
③朝の生活の流れがわかっていない
　★スケジュール表をはって、朝の支度を誘導する

B：行動	できるようになりたいスキル（本人ができる代替行動）は

・先生と一緒に着替える
・手順表を見て一緒に着替える
・スケジュール表で、1日の流れがわかり、朝の支度をする
・先生と一緒に片づける
・工作が上手くいかないときに、先生を呼ぶ
・先生と一緒に苦手な工作する

◆ ABC支援の実際

A直前を工夫して、B代替行動にして、C直後でほめる		
A：直前（原因）	B：行動	C：直後（結果）
「一緒に着替えしてから追いかけっこしよう」と、登園したら声をかける	先生と一緒に着替える	一緒に着替えができたことをほめ、追いかけっこで遊ぶ
玩具や本に着替えが終わるまで布で覆う	着替える	「着替え終わったから遊んでいいよ」と、玩具や本を出す
スケジュール表を指差して、着替えが終わったら遊ぼうと、誘う	着替える	「着替えができてえらいね」と言って一緒に遊ぶ
大好きな友だちに着替えを待ってもらって	友だちと一緒に着替える	着替え終えて友だちと遊びにいく
「着替えてシールはろうね」と、シールを渡す	着替え終わる	「着替えができてえらいね」とほめ、シールをはる
手順表を指差して、着替えを促す	手順表を見ながら着替える	手順表を見ながら着替えたことを大いにほめる

C：直後	できないときはC直後を変える

A：直前（原因）	B：行動	C：直後（結果）
たかお君は朝の着替え時間に、友だちが遊びに行くのを見ると	着替えをしない	教室の出口に立って、着替え表を見せて、「着替えてから遊びに行きます」と言う
朝教室へ来ると、玩具や本に目がいき、	着替えないで、遊び始めます	着替え位置を指差し、一緒に着替えをします。終わって大好きな本を一緒に読みます
外遊びから部屋へ入って他の子は着替えているのに	着替えないで部屋で遊んでいます	着替え表の前に行き、シールを見せて着替えを促し、手伝って着替えてシールをはってほめます

【着替えスケジュール表】

問題解決シート

scene8　着替えができない

A：直前（原因）	B：行動	C：直後
外遊びで遊んだ後、「着替えて」と言っても	走り回り着替えません	追いかけて、手伝って着替えさせます
直前の工夫	**代替行動**	**直後できたとき**
1　先生と一緒に手をつないで教室へ入り、着替えの服を渡す 2　仲良しの友だちに着替えを誘ってもらい 3　着替えたらトミカシールが待ってるよと声をかける 4　着替えてからのスジュール表を見せる	1　渡された服を着替える 2　友だちと競争して着替える 3・4　着替える	1　着替えができたことをほめ、シールをはる 2　A君と早く着替えたことをほめる 3・4　シール渡してほめる
		直後できなかったとき
		・「着替え競争しよう」 ・「着替えたらシールもらえるよ」と言う ・スケジュール表を見せる

Scene 9

食事中の離席がある

たかし君は給食のとき好きなおかずだけ食べると、席を立ちます。みちお君は給食のとき好きな玩具が目に入ると、席を立ち遊びに行きます。

食べ終わった後「ごちそうさま」の挨拶をするまで、席に座っているためにはどんな工夫ができるでしょうか。

◆ ABC フレームで考える

A：直前（原因）	B：行動	C：直後（結果）
給食のとき好きなおかずを食べ終わると	席を立つ	「『ごちそうさま』まで、席を立っちゃダメでしょう」と注意します
給食のとき、好きな玩具が目に入ると	席を立つ	「席を立っちゃダメだよ」と、注意します

Why? なぜ席を立つのでしょうか？

①たかし君の場合、偏食
②みちお君の場合、好きな玩具に気が散る

A：直前　どんな工夫★ができるでしょうか？

★嫌いなおかずの食べる量を減らす
★最初に、「ごちそうさままで席を立たない」と約束をする
★見えるところに玩具を置かない
★席を立てない椅子と机の工夫
★保育士が横について、椅子を抑え，立てないようにする

| B：行動 | できるようになりたいスキル（本人ができる代替行動）は |

- ★嫌いなものは約束して少しだけ食べる
- ★「ごちそうさま」をして、席を立つ
- ★玩具で遊びたいと言う

◆ ABC支援の実際

A直前を工夫して、B代替行動にして、C直後でほめる

A：直前（原因）	B：行動	C：直後（結果）
給食のとき好きなおかずを食べ終わると、嫌いなおかずを少しだけ取り	少しだけ食べ、「ごちそうさま」をする	嫌いなおかずを食べたことをほめます
給食のとき、好きな玩具が目に入らないようにして、「ごちそうさままで座って食べようね」と食事の前に約束する	座って食べる	「ごちそうさま」まで、座って食べたことを、ほめます

C：直後　できないときはC直後を変える

A：直前（原因）	B：行動	C：直後（結果）
給食のとき、好きなおかずを食べ終わると	席を立つ	嫌いなおかずを「一口だけ」食べようと、約束して食べたらほめます
給食のとき、好きな玩具が目に入ると	席を立つ	「ごちそうさましてから遊ぼう」と、席に戻します

【座って食べるカード】

問題解決シート

scene9　食事中の離席がある

A：直前（原因）	B：行動	C：直後
給食のとき好きなおかずを食べ終わると、玩具が目に入り	席を立ちます	「食べ終わるまで席を立っちゃだめだよ」と連れ戻します
直前の工夫	**代替行動**	**直後できたとき**
1　好きな玩具が目に入らない位置に座る 2　好きな玩具が見えないように片づける 3　好きな玩具を先生が持ち「ご飯終わったら遊ぼうね」と横に座る 4　ごちそうさましたら「トミカシールが待ってるよ」と先に声をかける 5　「一皿食べたらシールはるよ」と声をかける	1・2・3・4 　先生の横に座って最後まで座って食べる 5　好きなおかず一皿を座って食べる	1・2　席を立たずに食べたことをほめる 3　席を立たずに食べたことをほめ玩具で遊ぶ 4・5　シール渡してほめる
		直後できなかったとき
		・「先生と一緒に座って食べよう」 ・「一皿食べたらシールもらえるよ」と言う ・「ご飯終わったら遊ぼうね」と玩具を見せる

第2章　場面別ABC支援

Scene 10

偏食で食べない

つばさ君は食事の偏食が強く、決まったものしか食べられません。

◆ ABC フレームで考える

A：直前（原因）	B：行動	C：直後（結果）
食事のとき嫌いなものを食べさせようとすると	嫌がって食べません	いろいろ勧めても口を開けません

Why？　偏食はどうしてなおせる？

　偏食は、感覚過敏の一つです。無理強いして食べさせると、吐いたり、食事を益々嫌うようになることがあります。
　感覚過敏は　①視覚（緑の野菜がダメ、黒いものがダメ、ものが混ざるとダメな場合など）　②食感（イカや肉など噛んでなくならないものや舌ざわり）　③臭い　④噛んだ音（野菜のしゃきしゃき音）　⑤こだわり（決まったメイカーのパン・牛乳・プリン・ヨーグルトなど）
　スモールステップで、本人の許容範囲を見ながら、焦らず少しずつ改善していきましょう。一口なめたら大ほめしてスキンシップや好きな指遊びや好きな本でほうびをあげ、認めましょう。

A：直前　どんな工夫★ができるでしょうか？

食べられそうな食材からはじめましょう。
　最初は、小豆大から、示指大、親指大、スプーン１／３、スプーン半分、スプーン１杯・２杯と子どもが受け入れられる範囲で少しずつ増やしていきましょう。
　①取り皿に自分で入れる
　苦手な食材はなくし、自分で食べられる量だけ別の皿に入れ、食べる量を明確にする、そ

れ以上は勧めない
②残してもいいお皿をつくる
残してもいいことを伝えると、不安がなくなりかえって安心して食べられることがある
③小さなお皿で少量ずつ、最後に好きなおかずへ
④好きなものを先に食べて、最後に少量の嫌いなものを食べて好きな遊びや本でほうびを与えるとうまくいくこともある
⑤ほうびのシールや一皿ずつ大げさにほめることが有効な場合もある。特に園の場合はクラスのみんなにほめてもらうことでうまくいくことがある

B：行動　できるようになりたいスキル（本人ができる代替行動）は

①一口だけ食べる
②小分けしたお皿から好きな物を自分で選んで食べる
③食べられる量を選んで食べる
④「オシマイする」を言う
⑤残したいとき、残していいお皿に入れる
⑥先生が食べられそうな量を介助して少しだけ食べる

◆ ABC支援の実際

A直前を工夫して、B代替行動にして、C直後でほめる

A：直前（原因）	B：行動	C：直後（結果）
少し食べられそうな食材のみ小さなお皿に少量だけ入れて「どれ食べる」と聞いて選択させる	少量のお皿を自分で選んで食べる	嫌いなおかずを「一口だけ」食べようと、約束して食べたらほめる
嫌いなものは約束「一口だけ食べてから玩具で遊ぼう」と言う	一口だけ食べる	「一口食べてえらかったね」とほめ、好きな玩具で遊ぶ

第2章　場面別ABC支援

Scene 10　偏食で食べない

C：直後 できないときはC直後を変える

A：直前（原因）	B：行動	C：直後（結果）
食事のとき嫌いなものを食べさせようとすると	嫌がって食べません	嫌いなおかずを「一口だけ」食べようと、約束して食べたらほめる
食事のとき嫌いなものを食べさせようとすると	嫌がって食べません	小さいお皿に分けてどれを食べるか選択させる

問題解決シート

scene10　偏食で食べない

A：直前（原因）	B：行動	C：直後
食事のとき嫌いなものを食べさせようとすると	嫌がって食べません	いろいろ勧めても口を開けません
直前の工夫	**代替行動**	**直後できたとき**
1　少し食べられそうな食材のみ小さなお皿に少量だけ入れて「どれ食べる」と聞いて選択させる 2　小さなお皿に入れ「嫌いなものは残していいよ」と言う 3　嫌いなものは約束「一口だけ食べてから玩具で遊ぼう」と言う 4　好きなものと嫌いなものの少しを交互に 5　最後に嫌いなもの一口食べたら好きなデザートあるよと言う	1　少量のお皿を自分で選んで食べる 2　嫌いなものは残していいお皿に戻す 3　一口だけ食べる 4　先生の介助で食べる 5　最後に一口嫌いなものを食べる	1　嫌いなおかずを食べたことをほめる 2　食べられるものを食べたことをほめる 3　「一口食べてえらかったね」とほめ、好きな玩具で遊ぶ 3　嫌いなものも食べたことをほめる 4　好きなデザートをもらう
		直後できなかったとき
		1　「一口食べてから遊ぼう」 2　小さなお皿から食べられるものを一つ選ぶ 3　「好きなブドウが待ってるよ」と言う

偏食改善のヒント

ヒント1　環境の工夫
1）生活の中で楽しいことを増やす
2）たくさん好きな遊びにつきあう
3）友だちがおいしそうに食べているのをほめる
4）友だちに頑張って食べたときほめてもらう
5）好きな友だちの横に座り励ましてもらう
6）一口食べたら指遊びなど食事場面を楽しくする

ヒント2　調理の工夫
①野菜をカレーやオムライスやハンバーグなど好きなものに小さく刻んで入れる
②ご飯は嫌いでもふりかけをかければ食べられたり、好きなカレールーやマヨネーズやケチャップをかければ食べられる場合もある
③最初は家でお母さんがつくったものをお弁当に入れてくると安心して食べられる場合もある
④家でお母さんと一緒につくると食べられることもある

ヒント3　好きなことを増やそう
　生活の中で好きなことを増やし、小さなことをほめることで心が安定し、苦手なことにチャレンジしやすくなります。

Scene 11

並ぶことができない・順番が待てない

はると君は友だちが並んでいるのに、横入りして、友だちに注意され、ケンカになります。

◆ ABC フレームで考える

A：直前（原因）	B：行動	C：直後（結果）
外遊びから部屋に入るとき	並んで手を洗えないで、横入りする	友だちに注意され、ケンカになる
友だちが三輪車の順番を待っているとき	友だちを押しのけ三輪車に乗ろうとする	「だめだよ、順番だよ」と言われてけんかになります

Why?　なぜ順番に並べないのでしょうか？

①順番に並んでいることに気がつかない
②順番に並ぶということがわからない、できない
③順番はわかっているけど、待てない

A：直前　どんな工夫★ができるでしょうか？

★遊びに行く前に先に約束する
★遊び方並び方カードの絵を見せながら説明する
★先生と一緒に並ぶ
★大好きな友だちの後ろに並ぶ
★並び位置に印をつける
★ケンカになる友だちと離す

| B:行動 | できるようになりたいスキル（本人ができる代替行動）は |

- 先生と一緒に並ぶ
- 友だちの後ろに並ぶ
- カードを見て並ぶ
- 並び位置印に並ぶ

◆ ABC支援の実際

| A直前を工夫して、B代替行動にして、C直後でほめる |

A：直前（原因）	B：行動	C：直後（結果）
外遊びから部屋に入るとき	先生と一緒に並び	並んだことをほめる
三輪車の順番を待っているとき大好きな友だちの後ろに並ぶことを指示する	大好きな友だちの後ろに並ぶ	並んで待てたことをほめる

| C：直後 | できないときはC直後を変える |

A：直前（原因）	B：行動	C：直後（結果）
外遊びから部屋に入るとき	並んで手を洗えないで、横入りする	「先生と一緒に並ぼう」と言って、一緒に並ぶ
友だちが三輪車の順番を待っているとき	友だちを押しのけ三輪車に乗ろうとする	「○○君は待ってるよ、後ろに並ぼう」と、先生が声かける

【約束カード】

順番に並ぶ

けんかしない

問題解決シート

scene11　並ぶことができない・順番が待てない

A：直前（原因）	B：行動	C：直後
友だちが三輪車の順番を待っているとき	友だちを押しのけ三輪車に乗ろうとする	「だめだよ、順番だよ」と言われてけんかになります
直前の工夫	**代替行動**	**直後できたとき**
1　三輪車の順番を待っているとき大好きな友だちの後ろに並ぶことを指示する 2　三輪車に乗る人は、○印に立ち順番待ちます 3　先生と一緒に三輪車に並ぼうと誘う 4　友だちに誘ってもらい一緒に並ぶ	1　大好きな友だちの後ろに並ぶ 2　○印に立って待つ 3　先生と一緒に並ぶ 4　友だちと一緒に並ぶ	1　並んで待てたことをほめる 2　○に立って順番待てたことをほめる 3　先生と一緒に並べたね 4　友だちと一緒にならんで偉いね
		直後できなかったとき
		1　〜〜君の後ろに並ぼう 2　○に立って並ぼう 3　先生と一緒に並ぼう

Scene 12

教室から出て行く

けい君は朝の会の時間先生が給食の食材の説明をしていると、話を聞けず、部屋から出て行きます。苦手な工作の時間にも教室から出て行きます。

◆ ABCフレームで考える

A：直前（原因）	B：行動	C：直後（結果）
朝の会の時間、先生が給食の食材の説明を全体にしてると	話を聞けず、部屋から出ていきます	先生は戻ってくるまで待っています
苦手な工作に時間になると	部屋から出て	ホールで遊んでいます

Why? なぜ教室から出ていくのでしょうか？

①話に注目して聞けない
②苦手な工作に取り組めない

A：直前　どんな工夫★ができるでしょうか？

①話に注目して聞けない
　★最初に名前を呼んで「○○くん、おはなし聞いてね」と注意喚起してから話し始める
　★イラストや文字で説明したものを持たせて、話に参加させる
　★カードめくりや挨拶係など、活動に参加させる
②苦手な工作に取り組めない
　★苦手な活動は先生と一緒にする
　★友だちとペアーで活動する
　★わからないときは先生を呼ぶように先に言う

第2章　場面別ABC支援

B：行動　できるようになりたいスキル（本人ができる代替行動）は

★先生と一緒に活動する
★友だちと一緒に活動する
★先生「教えて」「わからない」を言う
★先生のお手伝いや、係の仕事をする

◆ ABC支援の実際

A：直前（原因）	B：行動	C：直後（結果）
朝の会の時間、先生が給食の食材の説明のとき	説明カードを見ながら聞く	カードを見ながら参加できたことをほめる
苦手な工作に時間、一番前で	先生と一緒に工作する	一緒に工作できたことをほめる

C：直後　できないときはC直後を変える

A：直前（原因）	B：行動	C：直後（結果）
朝の会の時間、先生が給食の食材の説明を全体にしてると	話を聞けず、部屋から出ていく	支援の先生が呼びに行き、一緒に座って聞く
苦手な工作に時間になると	部屋から出ていく	好きな工作を選択させて一緒に教室へ戻って行う

【工作　何をするかカードで選択する　　部屋から出ないで、できることをする】

お絵かき

ジグソーパズル

問題解決シート

scene12　教室から出て行く

A：直前（原因）	B：行動	C：直後
朝の会で椅子に座らせようとすると	教室から出て行く	追いかけて廊下で一緒に遊ぶ
直前の工夫	**代替行動**	**直後できたとき**
1　スケジュール表で事前に説明 2　先生の膝の上や横に座る 3　キャラクターのシールを椅子にはる 4　好きな友だちの横に座らせる 5　好きなグッズや絵本を持つ 6　教室の後ろや廊下から参加 7　先生と一緒に座ろうと誘う 8　子どもが大好きな本を選ぶ 9　離れた場所・安心できるスペースをつくる	1　スケジュール表を見ながら先生の話を聞く 2　先生の膝の上や横に座る 3　好きなキャラクターシールを椅子にはる 4　好きな友だちの横に座って聞く 5　好きなグッズや絵本を見ながら席に座る 6　教室の後ろや廊下から先生と一緒に参加 7　加配が1対1で横について説明を聞く 8　子どもが大好きな本を座って見る 9　離れた場所・安心できるスペースで静かに過ごす	・座ってお話聞けたね ・座って絵本で待てたね ・先生のお話聞いてくれてありがとう **直後できなかったとき** ・先生のお膝に座って聞こう ・スケジュール表を渡して説明する ・どこで聞きたい？ ・最後のお歌を一緒に歌おう ・朝の会聞いてから先生とお指の歌遊びをしよう

Scene 13
待つことができない

颯太君は給食の準備の時間座って待つができず、立ち歩いたり、教室から出て行きます。

園生活で、どんな場面が待てないでしょうか。活動の待ち時間や、自分が皆より先に課題が終わったときなど、次に何をするかわからないときに、待つことができないことがよくあります。何もしないで待つのは苦手なので、何をして待つかを指示しましょう。

◆ ABC フレームで考える

A：直前（原因）	B：行動	C：直後（結果）
給食の準備の時間	待つことができず	席を立ち、教室から出ていきます
図書の本を借りるため、廊下で前のクラスが終わるのを待っているとき皆は座って待つことができるのに	待つことができず	ふらふら立ち歩いたり、友だちをたたきます

Why?　なぜ待つことができないのでしょう？

①何もしないで待つことができない
②どれくらい待てばいいかわからない

A：直前　どんな工夫★ができるでしょうか？

①何もしないで待つことができない
　★できることで待つ
　　・一人で絵本を読んで待つ
　　・一人でお絵かきして待つ
　　・先生と歌や手遊びで待つ
　　・先生の手伝いをして一緒に過ごす

・友だちとペアーで好きな遊びをする
　　★待てないときは先生を呼ぶ

②どれくらい待てばいいかわからない
　　★時計の針、10まで
　　★タイマーで1分
　　★本1冊読み終わるまで
　　★10数えるまで

B：行動　できるようになりたいスキル（本人ができる代替行動）は

・先生と一緒に活動する
・友だちと一緒に活動する
・先生「教えて」「わからない」を言う
・先生のお手伝いや、係の仕事をする

◆ ABC支援の実際

A：直前（原因）	B：行動	C：直後（結果）
給食の準備の時間	先生と一緒に本読みで待つ	座って待てたことをほめる
図書の本を借りるため、廊下で前のクラスが終わるのを待っているとき	先生と歌手遊びや折り紙で一緒に待つ	先生と一緒に待てたことをほめる

C：直後　できないときはC直後を変える

A：直前（原因）	B：行動	C：直後（結果）
給食の準備の時間	待つことができず、席を立ち、教室から出ていきます	好きな絵本を見せて教室で一緒に読もうと誘う
図書の本を借りるため、廊下で前のクラスが終わるのを待っているとき皆は座って待つことができるが	待つことができずふらふら立ち歩いたり、友だちをたたきます	「何をして待てるかな？」と、聞く。絵本？　ブロック？　○○レンジャー？

【安心グッズ、イライラしないで待つができる大好きなもの（感覚グッズ）】

柔らかボール

光るボンボンヨーヨー

レインボーカラースプリング

立体ピンアート

くまのぬいぐるみ

問題解決シート

scene13　待つことができない

A：直前（原因）	B：行動	C：直後
給食の準備の時間	座って待つことができず	席を立ち教室から出て行きます
直前の工夫	**代替行動**	**直後できたとき**
1　給食の準備の時間本を渡し 2　給食の準備の時間本を渡し 3　先生が手をつなぎ 4　安心グッズを渡す	1　座って先生と一緒に本を読む 2　座って一人で本を読んで待つ 3　一緒に給食の準備をする 4　安心グッズをさわって一人で待つ	1　座って待てたことをほめる 2　一人で本読んで偉かったねとほめる 3　「先生のお手伝いえらかったね」とほめる 4　待てたことをほめる
		直後できなかったとき
		1　「先生と一緒に本読もう」 2　「本を読んで待ってね」 3　「先生のお手伝いをしてくれる？」 4　安心グッズを渡し、「これで待っててね」

Scene 14

切り替えが困難

春奈さんは、大好きなお絵描きをすると、時間で切り替え片づけができません。

　いつもと同じでないと、切り替えができなかったり、大好きな課題を終えることができない子には、あらかじめ、スケジュールで、いつ、どのくらい活動ができるのかを、その子がわかる形で教えましょう。スケジュール表や、時計やタイマー、数をカウントが有効です。

◆ ABCフレームで考える

A：直前（原因）	B：行動	C：直後（結果）
大好きなお絵かきを始めると「片づけて」の指示で	片づけができず、次の活動に移れません	「もう時間だよ」と、言ってもわかりません
外遊びの時間、「中に入って手を洗いましょう」の号令をしても	中に入れません	「時間だから部屋へ行こう」と、言っても滑り台がやめられません

Why?　なぜ切り替えができないのでしょう？

①聞いていない
②もっと好きな活動で遊びたい

A：直前　どんな工夫★ができるでしょうか？

①聞いていない
　★友だちとペアーで活動する
　★5分前に予告する
　★タイマーで時間を知らせる
②もっと好きな活動で遊びたい
　★スケジュール表で活動の流れを説明する

第2章　場面別ABC支援

★スケジュールに沿って活動して、シールをはる
★後何分で終わるか時間前に本人に聞く

B：行動　できるようになりたいスキル（本人ができる代替行動）は

・時計で終わる
・タイマーで終わる
・友だちと一緒に行動する
・「先生もっとやりたい」を言う

◆ ABC支援の実際

A直前を工夫して、B代替行動にして、C直後でほめる

A：直前（原因）	B：行動	C：直後（結果）
大好きなお絵かきをしてるとき、5分前にタイマーを置く	タイマーで片づける	ほうびシールをはって片づけができたことをほめる
外遊びの時間、皆に声かけた後、絵カード（手を洗ってから給食）を見せて	一緒に中に入り、手を洗う	時間で中に入れたことをほめ、ほうびシールをはる

C：直後　できないときはC直後を変える

A：直前（原因）	B：行動	C：直後（結果）
大好きなお絵かきを始めると	片づけができず、次の活動に移れません	ほうび表とシールを見せ、一緒に片づけしようと誘う
外遊びの時間、中に入って手を洗いましょうの号令で	中に入れません	「あと3分で入ろう」と言う

【ほうびシール表】

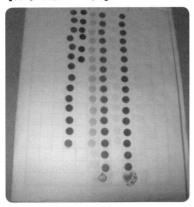
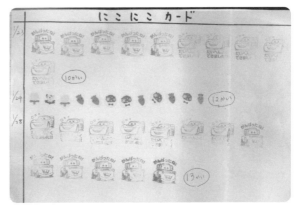

問題解決シート

scene14　切り替えが困難

A：直前（原因）	B：行動	C：直後
大好きなお絵かきを始めると「片づけて」の指示で	片づけができず、次の活動に移れません	「もう時間だよ」と、言ってもわかりません
直前の工夫	**代替行動**	**直後できたとき**
1　大好きなお絵かきをしてるとき、5分前にタイマーを置く 2　大好きなお絵かきをしてるとき、3分前に砂時計を置く 3　「後何分で終われる？」と聞く 4　「先生と10で片づけ一緒にしよう」と言う	1　タイマーが鳴って終わる 2　砂時計を見て終わる 3　「3分で終わる」と言う 4　10で片づけを先生と一緒にする	1　タイマーで終われたことをほめる 2　砂時計で終われたことをほめる 3　「3分で終われた」ね 4　10で片づけできたね
		直後できなかったとき
		1　5分のタイマーで終わろう 2　10数えたら一緒に片づけようね 3　みんな待ってるよ

第2章　場面別ABC支援

Scene 15

体操や踊りができない

りく君は、初めての運動会の練習時間になると部屋から出て、ボールで遊んでいます。誘っても嫌がってやろうとしません。

運動が苦手で体を使った模倣が苦手な子がいます。同時にいくつものことを見て、身体でまねることが苦手です。小さな部分に分けて教えたり、静かなところで1対1で教えるとできたり、家で先生が踊っている動画を見せて母親と練習するとできる子がいます。

子どもの能力に合わせて、スモールステップで教えましょう。

◆ ABCフレームで考える

A:直前（原因）	B:行動	C:直後（結果）
運動会の踊りの練習時間になると	部屋から出て	ホールで遊んでいます 誘っても嫌がってやろうとしません

Why? なぜ踊りができないのでしょう？

①聞いていない、どこを見ていいかわからない
②工程が複雑でできない
③踊りが苦手
④音楽の大きな音が嫌
⑤友だちにからかわれるのが嫌

A：直前　どんな工夫★ができるでしょうか？

①聞いていない、どこを見ていいかわからない
　★手順表を見せて説明
　★気が散らないように場所を工夫する
②工程が複雑でできない

★工程を短く区切る
③踊りが苦手
　　★難しいところをなくし、やさしい一部だけをさせる
④音楽の大きな音が嫌
　　★音楽をやめて、１，２，３の号令でする
⑤友だちにからかわれるのが嫌
　　★苦手な友だちを離し、優しくて好きな子と一緒にする

| B：行動 | できるようになりたいスキル（本人ができる代替行動）は |

・手順表を見て、部分ができる
・短い区切りで、先生と一緒にする
・難しいところはなくし、やさしいところだけを踊る
・「先生教えて」を言う
・好きな友だちとペアーで踊る

◆ ABC 支援の実際

A直前を工夫して、B代替行動にして、C直後でほめる

A：直前（原因）	B：行動	C：直後（結果）
運動会の踊りの練習時間	別室で先生と２人で少しずつ一緒に踊ります	できたことをほめます
家で前日練習して	できるところだけ踊ります	できたことをほめます

C：直後　できないときはC直後を変える

A：直前（原因）	B：行動	C：直後（結果）
運動会の踊りの練習時間になると	部屋から出て、	ホールで遊んでいます 先生と隣の部屋で一つだけ踊ろうと誘います できたらブロックしようと誘います
苦手な工作に時間になると	部屋から出て、	ホールで遊んでいます 誘っても嫌がってやろうとしません 大好きな友だちが一緒に一つだけやろうと誘います

問題解決シート

scene15　体操や踊りができない

A：直前（原因）	B：行動	C：直後
運動会の踊りの練習時間になると	部屋から出て	ホールで遊んでいます 誘っても嫌がってやろうとしません
直前の工夫	**代替行動**	**直後できたとき**
1　前の日に動画を渡し、お母さんと練習する 2　別室で1対1で教える 3　細かく分割して一つずつ先生が横について教える 4　「先生と一緒に見よう」と誘う	1　練習したことを踊る 2　先生と別室で少しずつ踊る 3　一部だけ先生と一緒に踊る 4　先生と一緒に皆の踊りを見る	1　踊ったことをほめる 2　先生と一緒にできたことをほめる 3　「先生とまねできたね」とほめる 4　一緒に見たことをほめる
		直後できなかったとき
		1　「先生と一緒に踊ろう」 2　別の部屋で1対1で踊る 3　「先生と一緒に見ようね」

第3章

園の巡回相談 実際のケースの 個別支援

園の巡回相談で多いものは以下のとおりです。

- ●言葉の遅れ
- ●多動・落ち着きがない（離席や教室から出る、部屋の中を走り回る）
- ●衝動性（友だちに手が出る、暴言・目に入ると行ってしまう）
- ●友だちとうまく関わることができない
- ●切り替えができない
- ●思い通りにならないとパニックになる
- ●大きい集団活動に参加できない（学年集会や行事）

この章では、幼稚園を巡回相談で訪問した際に行ったアドバイスを紹介します。

Case 1

3歳10か月・年少・女の子：
運動面や言葉の遅れがあり、対人関係の遅れが顕著な例

言葉の遅れ

◆状況
- 初めてのことに不安が強く、何を言ってもパニックになる
- 声かけにオウム返しで答える
- 質問に答えることが苦手
- 「〜〜してくれる？」と言うと、パニックになる
- 「赤と黄色どっちがいい？」に答えられない
- 「どこへおでかけしたの？」の質問に答えられない

◆対応
①相手が自分に話しかけていることに気づきにくいので、姿勢を低くして、本人と同じ目線の高さで話す。名前を呼んで、こちらを見てから話しかける
②2、3語文の理解はできるが、長い文の理解は困難なので、ゆっくり、短い言葉で話しかける。
③園とお母さんで連絡ノートにその日のよかったこと・楽しかったこと・頑張ったことを書いて伝える。ノートを見ながら「〜〜楽しかったね」「〜〜がんばったね」とその日の出来事を子どもの代わりに言ってほめるを繰り返していると、自分からその日の出来事を報告できるようになる
④質問は1〜〜、2〜〜どっちと選択させると答えやすい
例：ノートに書いてあることから選択肢を出して質問する
　　　日曜日はお母さんとどこに行ったの？　　1公園　2買い物
　　　買い物に行って何を買ってもらったの？　1本　　2おもちゃ

友だちの中へ入れない、先生から離れない

◆状況
- 不安が強い

◆対応
①スケジュールや手順表を提示し、その日にすることをわかり

やすく提示する
②先生が一緒に子どもの好きな遊びへ友だちを誘い、友だちと遊びを方を教える

雨の日お迎えを待つときに、ビデオを見るができない、パニック

◆原因
- 暗いところが嫌い？　大勢の人がいる騒音が嫌い？　映画が嫌い？
- 見通しがもてないのが嫌い？
- 担任の先生がいないのが、不安？

◆対応
- 雨の日はビデオのカードをつくり、嫌いならできるものを提案する。パニックを起こしてから好きなものを与えるのではなく、ホールに行く前に見通しをもたせ、嫌ならパニックではなく、言葉やカードで好きな過ごし方を選ぶ
- 好きな本を見る
- 好きなままごと遊びをする
- 好きなお絵描きをする

「お片づけして」で大泣き

◆原因
- 「おしまい」「お片づけ」の言葉が嫌い？
- 切り替えが苦手？

◆対応
- 見通しをもたせる、スケジュールを示す
- 終わる時間を示す。タイマーや後1回でおしまい、10数えたらおしまいなど

◆切り替えのスキル
- 10数えたらおしまい。
- あと5分でおしまいだよと、予告する
- 時計の針が6になったら、おしまい
- タイマーセットで、タイマーが鳴ったらおしまい
- タイムタイマーを使う

Case 2

年少・男の子：多動・衝動性があり、苦手な活動は教室から出て行く。友だちとうまく関わることができない例

◆ 相談したい内容

・興味のないこと以外、集中が続かず、途中でやめ、走り回る
・言葉で友だちに上手く伝えられず、いらいらする

　言葉の遅れや発達全体の遅れがあり、友だちとうまく関われず一人でいます。園訪問の日はちょうど運動会の練習で踊りが苦手で教室から飛び出しました

◆ 困った行動

踊りの練習時間になると教室から飛び出します

◆ 教えたいスキル

①踊りを1対1で、先生と静かなところで、一部ずつ教える
②家でお母さんと踊りのビデオを見て練習する
③大きな音が嫌なとき、「音を小さくして」が言える、または耳をふさいで慣れるを練習する
④わからないとき、「先生教えて」を言う練習をする

◆ ABC フレーム

A：直前	B：行動	C：直後
廊下で、かっぽれ踊りが始まり、音楽がなって、踊り始めると	上靴のまま、園庭へ出て行く	保育者が一緒にやろうと声をかけるが、砂で遊ぶ

事前の対応の工夫	望ましい行動	ほめる・楽しみな活動
①簡単なところだけにし、一部のみ教える。 ①サポートの先生と一緒に踊る ②出口にサポートの先生がいて、踊らなくても友だちを見ることを促す ③ダメなら、先生に言ってから外へ行くことを教える ④音のボリュームを下げる。少しずつ大きくする ⑤上靴の履き替えの写真を出口にはる	①踊りを踊れるようになる ②一部だけ踊る ③踊れなくともそばで見る ④先生に言ってから外へ出る ④大きな音に馴れる ⑤上靴を履きかえる	②一部踊れたことをほめる ③先生と友だちの踊りを見れたことをほめる ★スモールステップができたら、部屋の中で好きな本を与える

	環境の工夫をしても、困った行動が起きたとき	起こってしまったときの対応外へ出てしまったら
		①外で一部踊りを教える ②「先生と一緒に戻ろう」 ③「一つだけ先生と踊ろう」 ④「外から一緒に友だちを見よう」

第3章　園の巡回相談　実際のケースの個別支援

Case 2

Case 3

年長・男子：全体に発達の遅れがあり、活動が難しいと教室をうろうろして参加できずに困っている例

◆ 相談したい内容

・皆と同じ活動ができない。全体の理解が幼い
・保護者への伝え方

◆ 皆と同じ活動ができないときの支援

・活動内容をやさしくする
・始めは一緒に手伝って行動し、最後だけ自分でさせて一部をできたことをほめる
・できない活動は家で、または放課後1対1で教える
・サポートが入って教える
・手順表を絵や写真でつくって見ながらできるように教える
・友だちを見て行動や早くできた友だちに手伝ってもらい、友だちをほめる
例：前の週に行ったお芋ほりの絵を描けない
問題解決シート「Scene お絵描きができない」次頁参照

◆ 保護者への伝え方

　子どものよいところや園で工夫して成功したことを親に多く伝え、信頼関係ができたら発達支援の専門機関（医療機関、言語教室、保健センター、発達支援センターなど）への受診を勧め、アドバイスをもらい、園と親が協力することを伝える。

問題解決シート

case3　お絵描きができない

A：直前（原因）	B：行動	C：直後
年長の亮くんはお絵描きの時間になると	教室から出て行きホールで走り回ります	追いかけて教室へ戻ろうと言って連れ戻します
直前の工夫	**代替行動**	**直後できたとき**
・どれをやりたいか選択させる（シールはり、色塗り、白紙の紙） ・「好きな絵描いていいよ」と言い、横につく ・半分やった残りを「手伝ってくれる」と言う	・色塗りを選んで塗る ・先生がついて好きな絵を描く ・残り半分を先生と一緒になぞって描く	・選んでできたことをほめる ・「好きな絵が描けたね。この絵先生好きだよ」 ・「手伝ってくれてありがとう」
		直後できなかったとき
		・「先生の絵を半分手伝って」と手渡す ・「先生と一緒にやろう」 ・「好きな絵を選んでいいよ」

Case 4

年中・男子：言葉の遅れがありうまく伝えられないため思い通りにならないとパニックがあり、休み時間の集団遊びに参加できない。こだわりも強く数字をずっと書いて一人でいます。運動会の踊りに参加できず、部屋をうろうろしている例

◆ 先生が相談したいこと

- 数字が好きで数字をよく書いているがやめさせたほうがいいのか？
- 集団の中で遊べない
- 思いが通らなかったり、嫌なことがあるとジャンプして泣く
- いつもの園体操は踊れるが、運動会の踊りの練習に参加できない
- 親との関わり方

◆ 数字のこだわりについて

- 好きな数字を書いているときにほめる。数字を各場面を活動の中で多く取り入れ、役割で書いてもらいほめる
- 数字を書いて気持ちを落ち着かせていることもあるので、無理にやめさせないで、○○しようねと誘う
- 「○○したら、数字書けるよ」と、ほうびに使う
- 数字が好きなので、指示を出すとき「1○　2○　3○します」と箇条書きにして指示を出すと受け入れられやすい

◆ 遊びのスキルの教え方

- 「遊ぼう」「○○しよう」「入れて」を先生が一緒に言って、協力してくれる子どもに、その子が好きな遊びに入ってもらう
- 周囲の子が遊んでいるルールを個別で1対1で教える。先生と遊べるようになったら、周囲の子どもに入ってもらう
- 先生と一緒に友だちの遊びを見て、「○○くん、□□してるね」と遊びの説明をする

◆ 思いが通らなかったり、嫌なことがあると、ジャンプして泣く

- 泣く以外のコミュニケーション方法を教える。「○○したい」「○○いや」など
- 泣き止んだときにほめる
- 苦手な活動の量を減らしたりやさしくする、「手伝って」と言うことを教える
- 見通しがもてるように、スケジュール表や手順表を使って教える

◆ 運動会の踊りの練習に参加できない

- 運動会の踊りのビデオを撮り、家でお母さんと練習する
- 静かなところで1対1で踊りを分割して一つずつ教えてできたをほめる
- 踊りの練習の後、ほうびに先生とミニトランプ（1～5のみ）で「5並べ」で遊ぶ

◆ 親との関わり方

- 子どものよいところをお母さんに多く伝え、信頼関係ができたら、発達支援の専門機関（医療機関、幼児言語教室、保健福祉センター、発達支援センター、児童発達支援センターなど）への受診を勧め、アドバイスをもらい、園と親が協力することを伝えると受け入れられやすい
- 困ったことだけを伝えると園から排除されるのではとネガティブになりやすいので、配慮が必要

園の先生とお母さんが協力してほめほめ作戦

　毎朝登園を泣いて嫌がり、家へ帰ってからもかんしゃくや「嫌だ」が多く、言葉が少ない華さんを心配して相談になったケースで、園の先生とお母さんがほめほめ作戦をすることにしました。
　①夜寝る前に子どものよいところを3つ言ってハグしてから寝る
　②毎日5分子どもの好きな遊びにつきあい、子どもの行動を実況中継する
　③子どもの行動をこまめにほめる
　④子どもが見ているもの、好きなものを指差して名詞を言う
　⑤要求場面で子どもの代わりに言葉で言い、復唱させる
　⑥興味をもっていること、感動した場面で言葉にする
　⑦園と家庭でその日よかったことを健康ノートに毎日書き、ダブルでほめる

　3か月後に再訪問してお話を聞くと、子どもの朝の登園しぶりがなくなり、3週間で大泣きやカンシャクがほとんどなくなっていました。さらに、2か月で言葉が増え、2語文・3語文を多く話すようになりました。園でも言葉が増え、泣くことがなくなり、皆と同じに活動することが増え、困ることがなくなっていました。
　子どもの好きなことを増やし、よいところを認め、こまめに声をかけほめると子どもの心が安定し、自信がつき苦手なことにもチャレンジするようになり、親子で笑顔が増えました。

子どもを伸ばす魔法の言葉かけ

子の行動を言葉にする
ママに気づき、よく見るようになります。
粘土　ごろごろ／パンパン／電車　くっついた／新幹線　並んだ／りんご　切った／ママ　みかん　食べて

子の気持ちを言葉にする
気持ちが受け入れられると安心と信頼が生まれます。
いやだ／もっと　やりたい／ママ　見て／これ　欲しい／これ　やって／やった／できた

指差して名前を言う
子の見ている物の名前を言うと言葉の模倣が増えます。
アンパンマン／お月さん　あった／お花　きれい／バス　いた／新幹線／大きい　犬

要求の言葉
子が要求しているときに大人が代わりに言葉で言いましょう。
もう1回／電車／シャボン玉／ジュース　ちょうだい／ふた　あけて／おもちゃ　取って／パパと　ボール　やる

報告の言葉
楽しかったことを写真に撮って繰り返し聞かせましょう。
すべりだい／公園　行った／パパと　公園　楽しかった／ボール　ポンした／新幹線　見た／動物園　ぞうさん　いた

第4章

実際の支援例 個別支援計画の作成

発達障害の子どもたちがサポートを受ける際にライフステージに沿って支援の内容や情報が共有できるように、静岡市ではサポートファイル（すくすくファイル）を作成しています。サポートファイルを使って1年毎のサポートプランをつくり綴じておくと、次の学年の先生への申し送りや、保育園・幼稚園から小学校への移行支援に役立ちます。

親も何年かすると、以前どうだったか、どんな支援方法が有効だったか、子どものその頃の様子や特性を忘れてしまうので、記録として成長の過程を残しておくためにも、サポートファイルは有効です。

この章ではサポートファイルの中の個別のサポートプランのファイルを使ってケースの支援プランをつくってみます。

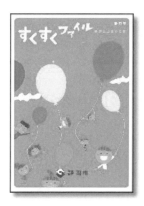

図　平成23年3月　静岡市発達障害者支援センター作成
平成27年3月　改訂版作成
http://www.shssc.jp/h008.htm#sukusuku

> ケース４（92ページ）で「個別支援計画」をたててみましょう。

　サポートプランでは、子どものできていること、よ良いところを多く記述して、認め、ほめが増えるようにしましょう。次に、子どもの伸ばしたいことを上げ、そのサポート方法を記述しましょう。

個別支援計画　　　　　　　　　　　　　　　　＜No　　　＞

作成日　平成　28 年 9 月 10 日
作成者　山田花子　　　　（続柄　　　　　　担任　　　　　　　　）

氏名	駿河　太郎
性別及び生年月日	㊚・女　　平成 23 年　6 月　6 日生まれ
園名	静岡幼稚園　　　　2歳・3歳・年少・㊥・長
こどもの特性や気になる行動	①多動・衝動性・気が散りやすい ・落ち着きがなく椅子に座るのが苦手 ・何かが目に入ると活動をやめ席を立つ ・先生が準備している間座って待つができない ・順番を待つができない ・わからないことや苦手なことがあると教室を走り回る ②対人関係（人の思いや気持ちの理解） ・自分の好きな玩具を友だちが使うと怒る ・友達が注意するとたたく ③こだわりや感覚過敏 ・数字が大好きで数字を書いている ・大勢が集まる学年集会は聴覚過敏や、いつも通りでないため参加を嫌がる ④言語理解・表現 ・言葉の遅れがありとっさに自分の思いが伝えられない ・長い文での説明はわかりにくい ・全体指示ではわかりにくく、個別で短い言葉の説明は理解できる
対応	ほめを増やす ○　　　□ほめ表 ○ スケジュール化 ○　　□手順表 絵カード　　　　　　　□ルールづくり ○ ジェスチャー　　　　　□1対1行動で教える ○ その他

配慮事項など	(園全体の配慮事項) 1) 園内会議で園の先生全員に子どもの特性と対応を伝える 2) 担任だけでサポートできない活動は級外がサポートする 3) 園全体の行事のときは支援員がつく (クラスの配慮事項) 5) クラス全体の説明のとき、絵や写真、スケジュール表や手順表を使いわかりやすく説明する 6) 始まりは手をたたくなど注意を喚起してから始める 7) ルールづくり：わからないことがあったら先生に手をあげて聞きます 8) ルール作り：困っている人にはやさしく教えます 9) 時間を時計の針やタイマーで伝える 10) みんなの前でよいところをほめる 11) お手伝いを頼み「ありがとう」を言う (個別の配慮事項) 12) 全体指示でわからないとき、個別でもう1回短い言葉で説明する 13) 難しい課題は半分加配がやり、残り半分を黒子になり一緒に行動する 14) 事前に見通しがもてるように説明する。〜〜してから〜〜します 15) よい行動をみつけほめる（やり始めたらほめる、25％でほめる） 16) できたとき、担任に伝えほめてもらう 17) 人に迷惑をかけないこだわりは認める (家庭で取り組むこと) 18) トークン表でほめを増やす 19) 夜寝る前子どもの良い行動を3つ伝え、ハグして寝る 20) お手伝いをしてもらいほめる 21) 子どもの気持ちを言葉にする 22) 1日5分子どもの好きな遊びに子どものリードで付き合う (医療・療育機関との連携) 23) 医療機関を受診し、専門的なアドバイスをもらう 24) 幼児言語教室に通う (福祉サービス) 25) 児童発達支援事業所に並行通園し、少ない人数の集団療育でソーシャルスキルや集団活動の練習をする

個別支援の内容（出来ている事・気になること・支援方法）

	出来ていること	気になること	支援方法
身の回りのこと	・声をかければ着替えやトイレは一人でできる。 ・好きな食事は一人で食べられる	・何かが目に入ると途中で途中で行ってしまう。 ・偏食がある	・着替えは順番に並べておいて友達と競争する。 ・小皿に分けて一つ食べたらほめる ・自分で食べれる量を決める。 ・「おしまい」が言える

第4章　実際の支援例　個別支援計画の作成

ことば・理解	・挨拶が言える ・ほしいとき、先生に言える ・困ったとき先生のところへ来る	・全体指示が分からない ・初めての活動の説明はわかりにくい ・友だちに思いが伝えにくい ・友だちが嫌がっているのにしつこくする。	・個別で視覚支援を使って説明する。 ・子どもの気持ちをかわりに言葉にしてあげる。 ・友だちの思いも伝える。 ・どうすればいいかを具体的に教える。
遊び	・おいかけっこができる ・ダンゴ集めが好き ・数字の型はめができる ・数字を書くができる	・鬼ごっこのルールがわからない ・友だちの玩具を取り上げる ・自分の好きな玩具を友だちがさわると怒る	・ルールのある遊びは先生が手をつないで一緒に参加する。 ・みんなで使うものの説明を先にする。 ・遊びたいものは自分のかごに入れておく。 ・邪魔されないで遊べるコーナー・場所を保証する。 ・先生がついて貸し借りの言葉を教える。
粗大運動	・走るのは上手 ・すべり台は一人で可能 ・毎日の体操はできる	・うんていにぶら下がるが苦手 ・初めての踊りは出来ない	・先生が身体を支えて少しずつ教える ・始めての踊りや体操は細かく分割して一つずつ静かな場所で1対1で教える。
手の運動	・数字を書くができる ・ブロック・パズルができる ・エジソンばしが使える	・はしの練習	・休み時間にパズルやブロックで楽しむ ・はしを最初の少しだけ使う
行事や集団参加	・一度体験した活動、好きな活動は集団行動できる。	・学習発表会・運動会など初めてのことは苦手 ・遠足など初めての場所では指示が入りにくい	・1対1で少しずつに分けて教えるを繰り返す ・園外活動は先生と手をつなぐ ・安心できる友だちとペアーに
人との関わり	・特定の仲のよい子には話ができる。	・友だちが嫌がっているのにしつこくする。 ・「遊ぼう」「入れて」が言えない ・数人になると上手く話がかみあわない	・子どもの思い・友だちの思いを先生が穏やかにいう。 ・先生と一緒に「遊ぼう」「入れて」を言う ・先生が通訳する
支援の結果	・園・家庭でほめるを増やしたことで落ち着いて集団行動がとれるようになった。 ・遊具やおいかけっこやブロック遊びでは友達と遊びが可能 ・先生の声かけや友だちを見て行動が可能に		

個別移行支援計画書

（静岡こども園）⇒（静岡第一小学校）

保護者名 駿河由美子	住所 電話番号
<単有の様子>	
診断及び特性	初めての場所・活動が苦手、慣れない人との会話は苦手、こだわりや感覚過敏あり。 多動・衝動性・不注意あり
コミュニケーション手段・対人関係 （要求・表出方法）	とっさの場面で思いを言葉にするは困難、 一度体験した場面では質問に答えることは可能
友人関係	自分から誘うはできないが、誘われれば少人数なら追いかけっこ、鬼ごっこは可能 好きな友達とは簡単な会話は可能、クラス遊び・班遊びなどは参加できる
活動や学習	読み書きの苦手さがあり新しい単元は事前の家庭学習があるとわかりやすい プリント学習は着席して可能 初めての活動は事前に伝えたり、手順表やスケジュール表があるとわかりやすい
生活面	朝の支度や授業ごとの片づけは手順表で練習すれば可能 安心できる友だちを見て行動するは可能
こだわり・感覚過敏	突然の大きな声や音は苦手、手が汚れるやべたべたしたものを触るは苦手
<必要と思われる支援>	
具体的な内容・方法	1日・1週間・1か月のスケジュールを分かる範囲で事前に伝えて見通しをもたせる 初めての活動は事前に練習する。1対1で分割して教える 全体指示でわからないときはもう一度個別で声かける。一番前の席で教える
活動・学習支援	初めての活動や単元はあらかじめ、家庭に伝え予習・練習する 学習・活動でわからないときは「教えてください」「手伝って」カードを使って聞く
専門機関との連携	医療でアドバイス・障害児放課後学童デイサービスで宿題の支援を受ける

第4章　個別支援計画の作成

◎困ったときの対処法の作成
第4章のケース（駿河太郎くん）で困ったときの対処法を作成してみましょう。

記入日	こういうとき（状況）	サポートのヒント（対処）
28年9月	言葉の遅れとパニック 初めてのことに不安が強く、何を言ってもパニック ・声かけにオウム返し ・質問に答えることもある ・「○してくれる？」と言うと、パニック ・「赤と黄色どっちがいい？」が、答えられない ・「どこへおでかけしたの？」の質問に答えられない	①相手が自分に話しかけていることに気づきにくいので、姿勢を低くして、本人と同じ目線の高さで話す。名前を呼んで、こちらを見てから話しかける ②ゆっくり、短い言葉で話しかける。2、3語文の理解はできるが、長い文の理解は困難なので ③知っていることを質問し、ヒントをだし選択して答える
28年9月	友だちの中へ入れない、先生から離れない ・不安が強い	①スケジュールや手順表を提示し、その日することをわかりやすく提示する。 ②先生が一緒に子どもの好きな遊びへ友だちを誘い、友だちと遊び方を教える
28年9月	雨の日お迎えを待つときに、ビデオを見ることができない、パニック 自分のクラスは落ち着いてきたが、慣れない場所、いつも通りで内が混乱する 原因は何？ ①暗いところが嫌い？　大勢の人がいる騒音が嫌い？　映画が嫌い？ ②見通しがもてないのが嫌い？ ③担任の先生がいないのが、不安？	①雨の日はビデオのカードをつくり、嫌いならできるものを提案 ②パニックを起こしてから好きなものを与えるのではなく、ホールに行く前に見通しをもたせ、嫌ならパニックではなく、言葉やカードで好きな過ごし方を選ぶ。 ・好きな本を見る ・好きなままごと遊び ・好きなお絵描き
28年9月	切り替えができない／「お片づけして」で大泣き 　原因は？ ・もっと遊びたい ・「おしまい」「お片づけ」の言葉が嫌い？切り替えが苦手？	①見通しをもたせる、スケジュール ②終わる時間　タイマーや後1回でおしまい、10数えたらおしまい ③切り替えのスキル ・10数えたらおしまい ・あと5分でおしまいだよと、予告する ・時計の針が6になったら、おしまい ・タイマーセットで、タイマーが鳴ったらおしまい ・タイムタイマー ・砂時計 ④「もっと遊びたいね」と子どもの気持ちを言葉にする。「あといくつで終われる？」と聞く

記入日	こういうとき（状況）	サポートのヒント（対処）
28年9月	多動・衝動性・気が散りやすい ・朝の会椅子に座るのが苦手 ・何かが目に入ると席を立つ ・先生が準備している間座って待つができない ・順番を待つができない ・わからないことや苦手があると席を立つ	①朝の会先生が横について、スキンシップしながら座る ②好きな本を持って座る ③先生が手を繋いで一緒にお手伝いをする ④順番を待つカードを渡す （好きな友達〜〜君の後ろで待つ） ⑤苦手な活動は質を易しくして先生が横につく
28年9月	対人関係 ・自分の好きな玩具を友達が使うと怒る ・友達が注意するとたたく	①遊びの前に約束 ・使いたい玩具は自分のかごに入れておく ・みんなで使う玩具は順番に、先生に聞いてから使う ②友だちには優しく言おう ③友だちに注意して聞いてくれない時は先生に言う ④友だちに言われて嫌な時は先生に言う ⑤友達と仲良く遊ぶ、喧嘩しないカード
28年9月	こだわりや感覚過敏 ・数字が大好きでずっと数字を書いている ・多人数の学年集会は参加を嫌がる	①数字のパズルや数字の型はめや数字の数だけシール貼り数字の本などに拡大する ②学年集会は一番後ろに離れて、先生と一緒に座る
28年9月	言葉の理解と表出 ・とっさに自分の思いが伝えられない ・長い文での説明はわかりにくい ・全体指示では分かりにくい	①子どもの思いや気持ちを先生がかわりに言う ②1〜〜、2〜〜、3〜〜と箇条書きにして言う ③全体指示で分からない時は、個別でもう1回言う ④説明してわからない時は友達を見て行動する（〜〜君と一緒に）

資料　園と親と地域専門機関との連携

　医療機関や療育機関に相談している場合はその内容を園でも共有し、専門機関のアドバイスを有効に利用しましょう。

　訓練内容や、家庭での子どもの特性に合わせた関わり方は園の生活にも役立ちます。

　入園してきた子どもが、集団生活で困難に出合う場合、親はなかなかその困難に気づきにくいものです。先生はまず、子どものよいところ、できているところ、園へ入ってから楽しめているところ、伸びたところを親に伝えたうえで、気になるところや、伸ばしたいところを伝え、園と親とが協力して子どもが安心して園生活を過ごせるように環境の工夫や個別の配慮を考えましょう。

　子どもの問題行動が発覚してから初めて親と先生が話し合うのではなく、普段挨拶などのコミュニケーションを円滑にして、気になることや困ったことを気軽に相談できる雰囲気、信頼関係をつくっておくことが大切です。また担任の先生だけでなく、学年全体や園全体で子ども一人ひとりをサポートしていく体制づくりも必要です。親が相談しやすい担任以外の先生（園長、副園長、学年主任、コーディネーターなど）をつくっておくことも時に必要です。

　気になる子は、その子のよいところを親に多く伝え、園で工夫したことを伝えるなどして信頼関係が確認できたら、よりよい発達の支援をしていくために、専門機関の受診をすすめ、アドバイスをもらい、園と親が協力することを伝えましょう。

　地域のリソースとしては、医療機関、幼児言語教室、保健福祉センター、療育施設、発達障害者支援センターなどがあります。地域リソースの情報を集め、協力しましょう。

◆ 連携のポイント

①普段から子どものよいところを伝えて話しやすい雰囲気づくり
②担任だけでなく、園長・副園長・学年主任も挨拶、顔見知りに
③子育てトークや、相談室、専門家巡回相談など
④学年・園全体でサポートする、担任支援体制を普段から
⑤地域の専門機関との連携（研修会や巡回相談で顔見知りに）
⑥地域の支援体制（地域リソース）の情報入手

◆ 専門機関の概要

●保健福祉センター

　保健福祉センターは、乳幼児健診ですべての子が利用する機関です。さらに、１歳半健診や３歳健診で言葉の遅れや、多動、かんしゃくなどで相談、フォローしていることが多いので、親にとっては相談しやすい機関です。保育園、幼稚園で心配なケースを相談することも可能です。心理相談や医師による発達支援検診や保健師の園訪問や家庭訪問などのサポート方法があります。

◉幼児言語教室

発達障害児の多くに言葉の遅れがあります。言葉は親の心配ごとの一つです。また言葉が話せても一方通行であったり、指示理解ができなかったり、友だちと遊べなかったり、コミュニケーションできないことが、親にとって心配であることが多いものです。言葉や、コミュニケーションは幼児言語教室で訓練できることを伝えましょう。また言語教室のアドバイスを得て、家庭と園で協力していくことを伝えましょう。

◉医療機関

子どもの特性を理解し、それに合わせた対応のアドバイスが得られたり、療育を行う医療機関では、言語・作業訓練やペアレントトレーニングが受けられ、子どもと親の成長の支援が得られることを伝えましょう。

◉療育機関

・児童発達支援センター
就園前または並行して親子教室で親子遊びや療育相談を受けることができます。単独通園もあります。
・児童発達支援事業所
入園前の発達障害のある子どもが単独通園し、保育や個別訓練を受けることができます。

◉発達障害者支援センター

発達が気になる子の相談支援や発達支援を受けることができます。個別相談や園訪問支援や研修会の利用ができます。

◉児童相談所

相談のうえ、必要なら発達検査や療育手帳の交付ができ、支援機関を紹介してくれます。

◉家庭児童相談室（保育児童課内）

子どもと家庭に関する総合的な相談の窓口です。

◉障害福祉課

診断があれば、特別児童福祉手当、デイサービスなどの福祉サービスの相談ができます。

◉子育て支援センター

一時保育や子育ての相談ができます。

◉子育て支援・子育てトーク

０から３歳の子どもとお父さんとお母さんを対象に、遊びとトークを行っています。

◉ファミリーサポートセンター

お母さんに余裕がもてないとき、子育てが困難なときに、サポーターが自宅で預かってくれます。病気のときの利用や園の送迎のお手伝いもしてくれます。

おわりに

　筆者が気になる子（発達凹凸の子）を支援する専門医療機関・現職場に勤務して22年に、保育園・幼稚園に巡回相談や研修会を始めてから18年になります。この間に子ども・親・先生方から学んだことをこの本に集大成しました。発達に躓きがあってうまくいかない、どうすればいいのかわからないときなどにこの本を参考にしていただければ幸いです。

　本書では、最初に支援の6つの基本①ほめとトークン表　②視覚支援　③困った行動の予防（環境操作）　④自立のための支援スモールステップ・課題分析　⑤ソーシャルスキルの教え方　⑥感覚過敏とこだわりへの配慮を紹介しています。次に、行動をABCフレームで書いて、なぜその行動が起こるのか、どんな工夫をすればうまくいくのかを考え、よい行動が続き、困った行動を減らすために行動の後の関わり方を解説しました。問題行動の場面別の具体的な対応について、問題解決シートでわかりやすくまとめました。一人で考えてうまくいかないときは、学年や園全体というチームで問題解決シートを使って考えていくとさまざまなアイデアが出てくると思います。園内だけでうまくいかないときは、地域の専門機関・支援機関と連携することも大切です。

　最後に、子どもを支援するのに今筆者が子どもにとって大切と思うことを伝えたいと思います。

①家庭・園が子どもにとって安心できる場所であること、居場所があること
②**ほめ**（すごい・すてき・やったね）や**励まし**（頑張れ、あともう少し、できるよ）や**感謝**（ありがとう、嬉しい、助かるよ）の言葉かけがたくさんあること
③できないことがあってもいい「まぁいいか」「しょうがない」「ドンマイ」と思えること
④よいところ、できているところを言葉で日頃から多く伝えること
⑤失敗してもできている部分「ここはできている」「一つはやった」といいところを見るようにする、言葉にすること
⑥その子にできる目標で小さなステップで、手助けして、成功体験を増やしていくこと
⑦失敗したとき「ごめんなさい」が言えること
⑧うまくいかないとき、安心して手伝ってくれる人が周囲にいること
⑨「おしえて」「手伝って」が周囲の人に言えること
⑩好きなことや楽しみがある。周囲の人と楽しみを共有できること
⑪周囲の人が自分の気持ちをわかってくれること「うれしい」「楽しい」「いやだ」「もっとやりたい」「もうおしまいにしたい」など
⑫自分の気持ちを言葉にできること

　子ども・親・先生・支援者の方々のできるが増え、ポジティブになれるように、この本が一助になることを願います。

平成30年3月
前田卿子

◆参考図書

- 『気になる子の「できる」を増やすポジティブ支援【小学生編】』前田卿子・著／エンパワメント研究所
- 『できる！をのばす行動と学習の支援―応用行動分析によるポジティブ思考の特別支援教育』池田聡子、山本淳一・著／日本標準
- 『自閉症支援―はじめて担任する先生と親のための特別支援教育』井上雅彦、井澤信三・著／明治図書出版
- 『自閉症スペクトラムのABA入門―親と教師のためのガイド』シーラ・リッチマン・著／井上雅彦、奥田健次、テーラー幸恵・訳／東京書籍
- 『園での「気になる子」対応ガイド』野呂文行・著／ひかりのくに
- 『ふしぎだね!?自閉症のお友だち』内山登紀夫・監修／ミネルヴァ書房
- 『ふしぎだね!?アスペルガー症候群（高機能自閉症）のお友だち』内山登紀夫・監修／ミネルヴァ書房
- 『発達につまずきを持つ子と身辺自立』湯汲英史・編著／武藤英夫、田宮正子・著／大揚社
- 『わかってほしい！気になる子自閉症・ＡＤＨＤなどと向き合う保育』田中康雄・著／学習研究社
- 『発達障害の子とあったかクラスづくり―通常学級で無理なくできるユニバーサルデザイン』松久真実、米田和子・著／高山恵子・編／明治図書出版
- 『育てにくい子に悩む保護者サポートブック―保育者にできること』高山恵子・監修／学研プラス
- 『発達障害児へのライフスキルトレーニング―LST 学校・家庭・医療機関でできる練習法』平岩幹男・著／合同出版
- ドロップレット・プロジェクト　http://droplet.ddo.jp/drops/
- 絵カードのおうち　http://www.geocities.co.jp/NeverLand-Mirai/9569/
- ザ・プロンプト　http://theprompt.jp/picturecards/printcards/

前田卿子（まえだ・けいこ）

静岡医療福祉センター小児神経科医
静岡市発達障害者支援センター「きらり」所長

● 専門分野
　小児神経学、小児精神神経学、肢体不自由児療育、重度心身障害児療育、発達障害児療育

● 資格
　小児科専門医・小児神経専門医・小児精神神経認定医

● 略歴
　昭和50年３月　　大阪市立大学医学部卒業
　昭和50年４月　　大阪市立小児保健センター小児科研修医
　昭和52年６月　　米国国立衛生研究所（ＮＩＨ）研究員
　昭和55年１月　　静岡済生会総合病院小児科医、静岡療護園嘱託医、静岡県中部児童相談
　　　　　　　　　所嘱託医
　平成７年４月　　静岡医療福祉センター児童部小児神経科医長〜診療科長，静岡県南部特別
　　　　　　　　　支援学校医
　平成19年10月　　静岡市発達障害者支援センター「きらり」所長　兼務

ABCフレームでわかる！
気になる子の「できる」を増やすポジティブ支援【幼児編】

発行日　2018年　4月18日　初版第1刷（3,000部）
著　者　前田　卿子
発　行　エンパワメント研究所
　　　　〒176-0011　東京都練馬区豊玉上2-24-1　スペース96内
　　　　TEL 03-3991-9600　FAX 03-3991-9634
　　　　https://www.space96.com
　　　　e-mail：qwk01077@nifty.com

編集・制作　七七舎　　　表紙デザイン・イラスト　森奈緒子
印刷　（株）美巧社

ISBN978-4-907576-49-3

エンパワメント研究所の本

ご購入は ▶ https://www.space96.com

ABCフレームでわかる！
気になる子の
「できる」を増やす
ポジティブ支援【小学生編】

著：前田卿子
価格：1,300円＋税

こうすればできる！
発達障害の子がいる
保育園での集団づくり・
クラスづくり

著：福岡寿
価格：1,000円＋税

すぐに役立つ！
発達障害の子がいる
保育園での集団づくり・
クラスづくり Q&A

著：福岡寿
価格：1,000円＋税

障害児通所支援ハンドブック
児童発達支援　保育所等訪問支援
放課後等デイサービス

著：山根希代子、橋本伸子、
　　岸良至　ほか
価格：1,800円＋税

障害児相談支援
ハンドブック

著：松下直弘、田畑寿明ほか
編：宮田広善、遅塚昭彦
価格：1,500円＋税

発達障害児者の
問題行動
その理解と対応マニュアル

著：志賀利一
価格：1,100円＋税